久远的年代

古埃及人还是居无定所的游牧民族。

公元前5500年之前

公元前4000年

希拉孔波利斯一座陵墓中的壁画的复制品。

新城市

南方出现了最早的几座城市，比如希拉孔波利斯。

这些浮雕描述了统一古埃及的情景。

公元前3100年

一位国王

古埃及的南北方被统一了，由一位国王统治。

公元前2650年

阶梯金字塔

国王卓瑟修建了第一座阶梯金字塔。

公元前2550年

大金字塔

法老胡夫修建了大金字塔。

公元前2175年

饥荒

由于食物供应极度短缺，古埃及遭遇了大饥荒。国王丧失了权威，地方统治者掌权。

公元前1950年

曼图霍特普二世

曼图霍特普二世打败了北方的国王，统一了古埃及。

古埃及时间线

通过下面这条时间线，你能看到古埃及漫长历史中的高潮与低谷，还能认识这个国家历史上最伟大的英雄和最臭名昭著的恶人。

公元前 1910 年

卡纳克神庙

卡纳克神庙开始修建，后来成为古埃及最伟大的神庙之一。

卡纳克神庙中央广场上的方尖碑。

公元前 1840 年

阴郁的国王

面相阴郁的国王辛努塞尔特三世击溃了努比亚人，解决了古埃及长久以来的纷争。

公元前 1760 年

女性统治者

塞贝克涅弗鲁女王是古埃及历史上第一位正式的女性统治者。不过她的统治也导致了中王国时期的终结。

公元前 1630 年

灾难？

希克索斯人统治了埃及北部。

公元前 1540 年

胜利！

国王雅赫摩斯击退希克索斯人，夺回了他的国土。

公元前 1500 年

工匠村

德尔麦迪那是一个工匠们居住的村庄，建于阿蒙霍特普一世统治期间。

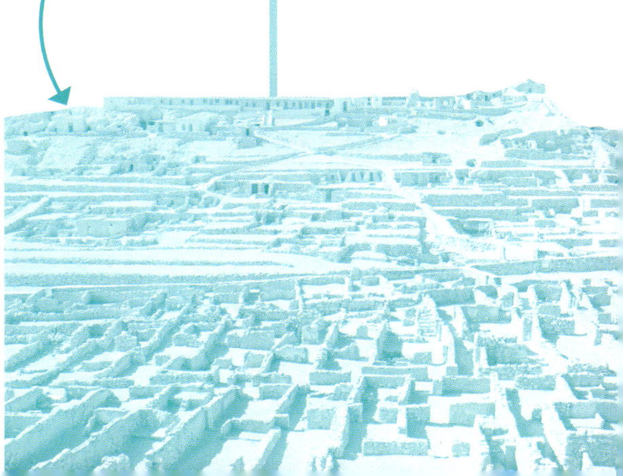

工匠村遗迹。

公元前 1490 年

长眠于此

图特摩斯一世在帝王谷为自己修建的坟墓是那里的第一座皇家坟墓。

下接封底折页 →

我想了解的东西：

DK 小科学馆

古埃及

英国 DK 公司 编著 钟煜 译

中信出版集团 | 北京

Original Title: DK Findout! Ancient Egypt

本书仅限中国大陆地区发行销售

图书在版编目（CIP）数据

DK 小科学馆．古埃及 / 英国 DK 公司编著；钟煜译
．-- 北京：中信出版社，2020.12（2024.3 重印）
书名原文：DK Findout！ Ancient Egypt
ISBN 978-7-5217-0858-5

Ⅰ．① D… Ⅱ．①英… ②钟… Ⅲ．①科学知识－儿童读物②文化史－埃及－古代－儿童读物 Ⅳ．① Z228.1
② K411.203-49

中国版本图书馆 CIP 数据核字 (2019) 第 158555 号

DK小科学馆·古埃及

编　　著：英国DK公司
译　　者：钟煜
出版发行：中信出版集团股份有限公司
（北京市朝阳区东三环北路27号嘉铭中心　邮编　100020）
承 印 者：北京中科印刷有限公司

开　　本：787mm×1092mm　1/16　　印　　张：4.5　　字　　数：100 千字
版　　次：2020年12月第1次印刷　　印　　次：2024年3月第5次印刷
京权图字：01-2018-7707
书　　号：ISBN 978-7-5217-0858-5
定　　价：36.00元

本书作者为安吉拉·麦克唐纳博士。

服务热线：400-600-8099
投稿邮箱：author@citicpub.com

出品　中信儿童书店
策划　红披风
策划编辑　陈瑜
责任编辑　陈鹏
营销编辑　马英　谢沐　张雪文　严婧　刘天怡
装帧设计　颂煜文化
封面设计　哈_哈　李一

www.dk.com

混合产品
纸张｜支持负责任林业
FSC® C018179

目录

彩陶珠

猫的木乃伊

王室用的

蝎子

蜣螂

梳子

图坦哈蒙的黄金面具

埃赫那吞

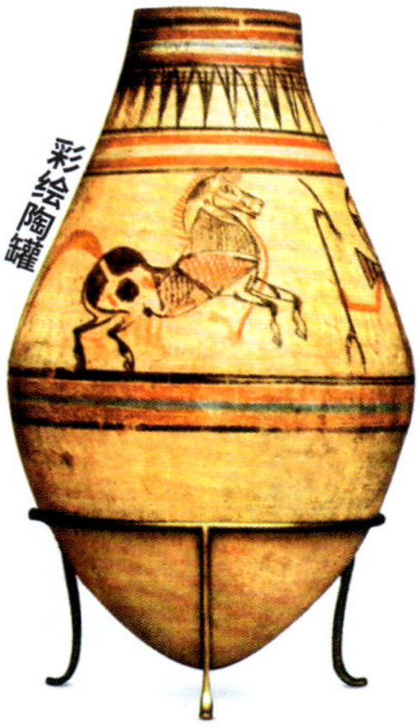
彩绘陶罐

古埃及人

古埃及人主要指的是几千年前生活在尼罗河沿岸（今埃及）的民族。他们热爱自己的国家，认为它是世界上最先进的地方。

尼罗河为什么那么重要？

有了尼罗河的水，沙漠中才有生命存在的可能。尼罗河沿岸形成的绿地使得庄稼生长。尼罗河也让古埃及人有了便捷的出行方式，他们可以到全国各处旅行。

资料档案

古埃及的历史主线是按照时间跨度来划分成不同时期的。大部分时期都有不同的朝代，也就是由不同的家族来统治国家。

» **史前时期：**
公元前 7000 年—公元前 5500 年

» **前王朝时期：**
公元前 5500 年—公元前 3100 年

» **早王朝时期：**
公元前 3100 年—公元前 2650 年

» **古王国时期：**
公元前 2650 年—公元前 2175 年

» **第一中间期：**
公元前 2175 年—公元前 1975 年

» **中王国时期：**
公元前 1975 年—公元前 1755 年

» **第二中间期：**
公元前 1755 年—公元前 1540 年

» **新王国时期：**
公元前 1540 年—公元前 1075 年

» **第三中间期：**
公元前 1075 年—公元前 715 年

» **后期埃及：**
公元前 715 年—公元前 332 年

» **希腊化－罗马时期：**
公元前 332 年—公元 395 年

古埃及的帆船模型。

古埃及人住在哪儿？

他们生活的地方被不同的地貌包围着：北边是地中海，东边和西边是沙漠，南边则是尼罗河多险滩的河段。

小麦

古埃及人管自己的国家叫什么？

古埃及人把自己的国家称作 Kemet，意思是“黑色的土地”，指的是来自尼罗河的黑色泥浆。就是这些泥浆，将沙漠变成了农田。他们把周围的沙漠称作 Deshret，意思是“红色的土地”。

奥西里斯神就是孕育生命的尼罗河黑泥的象征。

尼罗河流入大海的那片三角洲区域是全埃及植被最茂密的地方。

谁统治古埃及？

在和平年代，由古埃及国王或者女王统治，他们被称作法老。而在动乱年代，尤其是古埃及历史的后期，往往是入侵的外族领袖在征服了古埃及之后成为法老。

娜芙蒂蒂王后

娜芙蒂蒂王后曾经在丈夫埃赫那吞动荡的统治时期之后短暂地统治过埃及。

古埃及存在了多少年？

人类在古埃及生活的痕迹最早可以追溯到公元前 7000 年，而第一个法老的统治时期是从公元前 3100 多年开始的。古埃及文明持续了 3000 多年，直到最后成为罗马帝国的一部分。

公元 100 年的罗马木乃伊面具

在罗马人的统治之下，木乃伊的面具画像也被画成了罗马风格。

古埃及王国最大有多大？

在鼎盛时期，古埃及王国北起古叙利亚，向南一直延展到非洲的努比亚。这一时期的古埃及处于新王国时期，统治者是图特摩斯三世。

有铁质刀锋的剑。

社会

在古代历史上的绝大部分时间里，古埃及都是由一个又一个的法老统治着。法老们（有男性也有女性）由家人和贵族辅佐，过着奢华的生活。其他人则要听命于这个特殊的群体，为他们服务，拼命工作。这些普通人的生活非常清苦，而且很可能一辈子都见不到国王一面。

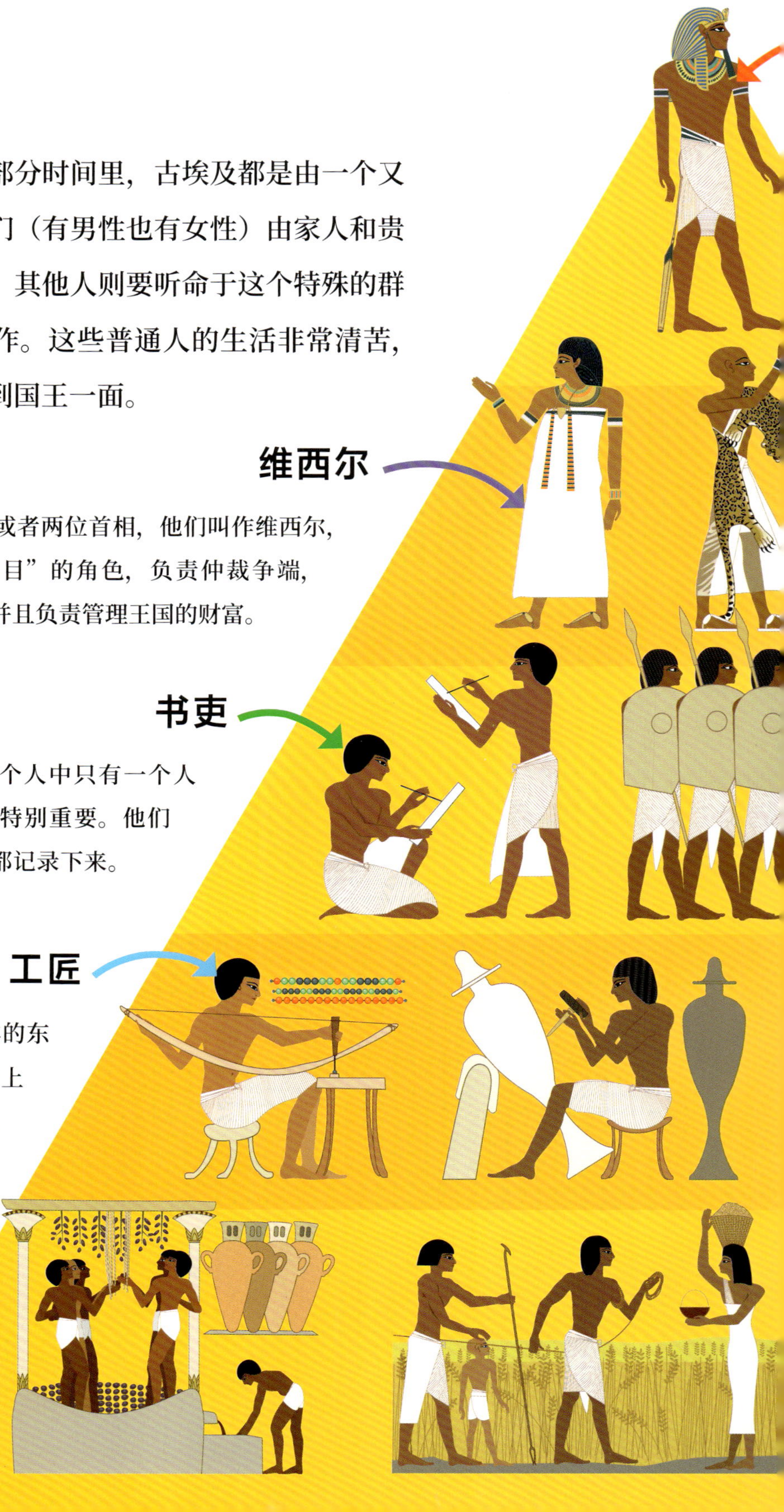

维西尔

王国中有一位或者两位首相，他们叫作维西尔，充当着“国王的耳目”的角色，负责仲裁争端，比如土地纠纷等，并且负责管理王国的财富。

书吏

在古埃及，每 100 个人中只有一个人会读书写字，所以书吏特别重要。他们要把每一天的大小事情都记录下来。

工匠

从罐子到珠子，各种各样的东西都由工匠制造。虽然有成千上万的手工艺品被保存了下来，但因为上面并没有工匠的签名，所以我们现在只知道很少的几位工匠的名字，比如雕塑家艾尔提森。

法老

对古埃及人民来说，法老就是全能的神，决定着国家的命运。历史上还有几位女性曾像法老一样统治过古埃及，比如娜芙蒂蒂和哈特谢普苏特，不过，这种情况相对还是比较少见的。

奴隶

所有的古埃及人都属法老“所有”，不过，奴隶要特殊一些。大部分奴隶都是战争中的战俘，他们会被强迫参与劳动。在古埃及历史上，奴隶只在新王国时期比较普遍，而那时已经是古埃及历史较为晚近的时期。

被绑在一起的一群奴隶

祭司和女祭司

祭司和女祭司掌管敬奉给神的神庙。所有的祭司都必须剃掉头发和体毛。大祭司可能和法老一样有权势。

士兵

勇敢的士兵会得到赏赐，比如土地或者奴隶。因此，如果士兵没有在战争中被杀死，他们有可能变得非常富有。

哇哦！

古埃及文明维持了3000多年，并且在这个过程中基本没有被改变过。

商人

商人主要为神庙服务。他们把珍稀的商品带入国内，有时也用这些商品和普通人做生意。

农民

农民是古埃及社会中非常重要的一个阶层，因为他们负责生产食物。他们喂养家畜，比如牛；还种植庄稼，比如大麦和小麦。大部分农民没有自己的土地，他们劳动所得的一切都要上交。

古埃及王国

古埃及王国发源于尼罗河流域。新王国时期，在好战法老的统治下，王国的版图向南扩张到了邻国努比亚，至于东北方向，还在一直延伸。这种扩张势必会导致当地人与古埃及人的冲突，因此当时古埃及人树敌很多。在战争中，曾经有一些国家打败过古埃及人，甚至统治过古埃及，但这种情形并没有持续太久。

赫梯人

在新王国时期，赫梯人一度非常强大，法老拉美西斯二世因无法打败他们，所以就娶了一位赫梯公主为妻，巧妙地与赫梯人结为盟友。

亚述人

亚述人好武，而且十分凶残。在后期埃及，为了惩罚与他们有势力范围争端的努比亚法老塔哈尔卡，他们摧毁了伟大的城市底比斯。

希克索斯人

希克索斯人是居住在叙利亚巴勒斯坦地区的游牧民族，在第二中间期，他们统治过古埃及。后来，雅赫摩斯王把他们赶出古埃及，并建立了新王国。

金字塔
即使在古代，金字塔也是埃及最有名的地标建筑和旅游热门地。

斯芬克斯
哈夫拉法老的守护神雕像是一座斯芬克斯（狮身人面兽）像。

利比亚人

来自西方

利比亚人由好几个不同的游牧民族组成，部分人与古埃及人有生意往来。但许多利比亚人经常袭击古埃及西部的城市。

卢克索神庙
卢克索神庙和它旁边的卡纳克神庙，都是举行王室庆典的主要场所。

帝王谷
新王国时期的法老们，包括法老图坦哈蒙，都埋葬在帝王谷。

德尔麦迪那
德尔麦迪那是一个小村落，居住着建造帝王谷陵墓的工匠。他们甚至为自己建造了像图中这样的迷你金字塔。

王后谷
这里有为法老的妻子（比如妮菲塔莉）建造的规模较小的王室陵墓。法老的孩子也葬在这里。

古埃及人

古埃及人总想要扩张自己的领土。在强大的国王统治时期，努比亚曾被纳入古埃及的版图，但是，北方的一些城市却总是不受控制。

古埃及王国（图中黄色部分）在世界地图上的样子。

努比亚人

来自南方

努比亚人是一个自傲的民族，长期处于古埃及人的统治之下。在后期埃及，曾经有一支努比亚王族短暂地统治过古埃及。

士兵与战争

最早的时候，法老们征召普通人当兵打仗。但是，那些好武的国王，比如图特摩斯三世和拉美西斯二世，因为连年征战，所以训练了一些职业士兵。在建立古埃及帝国的过程中，他们甚至还招募过外国士兵，这些人要么擅长驾驭战车，要么特别骁勇善战。

战马头戴鸵鸟毛和织带制成的头饰。

与国王衣服相配的豹皮盖毯。

攻无不克的国王

在这幅画中，法老图坦哈蒙乘着战车，强壮又勇敢。人们在发掘他的墓葬时，发现其中有一辆金色的战车，是为他在来世乘坐准备的。

努比亚军队

努比亚地处古埃及的正南方。古埃及人把这个地方叫作“弓箭之地”，因为努比亚人都是非常厉害的弓箭手。在战争中，他们经常以雇佣兵的身份与古埃及人并肩作战。

努比亚士兵彩绘木雕像

哇哦！

古埃及人使用金子打造的苍蝇来奖励勇敢的士兵。

保护国王手腕不受弓弦伤害的保护装置。

打仗时，国王头戴蓝色王冠。

武器

士兵的战斗力一半来自他的武器。在古埃及历史上，武器也在不断地发展变化，青铜武器逐渐被铁质武器取代，武器的设计越来越先进，新技术（比如战车）不断被引进。

赫帕什剑
这种剑是从北方传到古埃及的。赫帕什的意思是“力量”。曲线形的锋刃很轻，但非常锋利，能给人致命的一击。

石箭头
箭头由石头制成，并且尖端磨得非常锋利。

匕首
这种匕首有金质的把手和铁质的刀锋。士兵们通常会把它挂在腰带上。

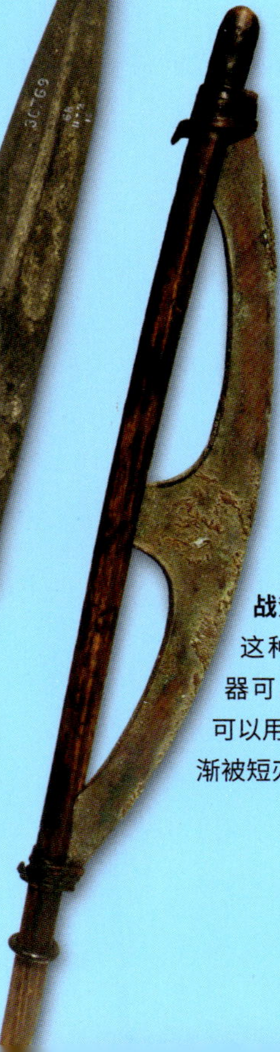

战斧
这种锋刃很长的武器可以用来砍杀，也可以用来投掷。后来逐渐被短刃的斧子取代。

法老

古埃及的国王叫作法老。所有的法老都要承担三项义务：保护古埃及不受外敌侵犯；攻占邻国，拓展疆土；让诸神满意。所有的法老都希望名垂青史，为此，他们兴建了巨大的神庙和令人瞠目的墓地。下面我们来认识一下其中几位或名扬天下或臭名昭著的法老。

胡夫

因何出名：修建了吉萨大金字塔

胡夫有一尊很小的雕像留存下来，让我们得以一睹其貌。埃及最大的金字塔就是作为这位法老的陵墓和纪念物而修建的。胡夫被认为是一个冷酷的人，他只在乎金字塔，而对他的人民毫不体恤。

埃赫那吞

法老的名字被刻在一个椭圆形圈圈中，它被称作“王名圈”。大部分法老都有不止一个王名圈，也就是说，他们有不止一个名字。

因何出名：与众不同

埃赫那吞是一位有反叛精神的法老，他宣布人们只能崇拜太阳神阿顿，禁止信仰其他神。他另建新都，还引介了一种新奇的艺术风格。从雕像上看，他样貌奇特，令今天的我们为之着迷，但他的国民却非常憎恨他，还曾试图毁掉所有有他形象的物品。

他们的统治时间

古埃及历史被分为三个主要阶段，分别为古王国时期、中王国时期、新王国时期。每一个王国时期都先后由几代法老统治。在不同的王国时期之间，还存在着动乱时期（即“中间期”）。

古王国时期

中王国时其

胡夫：
公元前 2551 年—公元前 2528 年

其间存在一段不稳定的时期。

辛努塞尔特三世

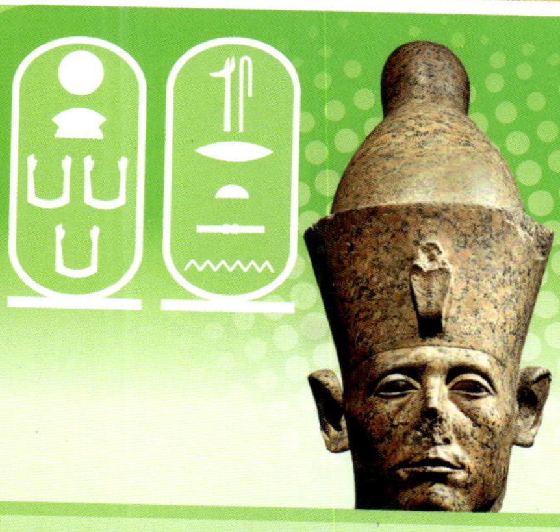

因何出名：面相阴郁

辛努塞尔特三世是一位非常严厉的统治者，对地方官员施以铁腕管理。他在古埃及南边的努比亚修建了一系列防御堡垒，以控制黄金的运输和贸易。这位法老的雕像为什么看起来那么不开心呢？也许是因为他当法老当得太辛苦了。

哈特谢普苏特

因何出名：人家是女法老！

她原本是王后，后来自己当了法老。在艺术作品中，她总是以男性的面貌示人。她修建了一些新的庙宇，不过她本人最引以为傲的还是与古埃及东南边的蓬特开展贸易。在她的侄子（继子）图特摩斯三世成年后，这位法老神秘地失踪了。

图坦哈蒙

因何出名：财富！

图坦哈蒙还是个小男孩儿的时候就当了法老，他平息了父亲埃赫那吞在位时引发的动乱，让古埃及回归正轨。不幸的是，他在位的时间只有 10 年，19 岁时就去世了。他的墓葬在 1922 年被发掘，里面塞满了财宝，有 3000 多件。

拉美西斯二世

因何出名：妄自尊大

拉美西斯二世，也被叫作拉美西斯大帝，是一个勇猛善战的法老。他有 100 多个儿子和女儿。他将自己的名字刻在古埃及的各个地方，有时候甚至会刻在以前的法老的名字之上。在他修建的庙宇中，他不仅崇拜诸神，还崇拜自己。

新王国时期

努塞尔特三世：
元前 1836 年—公元前 1818 年

哈特谢普苏特：
公元前 1473 年—公元前 1458 年

埃赫那吞：
公元前 1353 年—公元前 1336 年

图坦哈蒙：
公元前 1332 年—公元前 1322 年

拉美西斯二世：
公元前 1279 年—公元前 1213 年

克娄巴特拉访谈录

古埃及的统治者

古埃及的最后一位法老——克娄巴特拉（七世）曾在艰难时局中维持了国家团结。为了抵抗强大的罗马帝国，她用自己的魅力赢得了古罗马伟大的将军们的爱慕。虽然她的画像看起来没什么特别，但她的美貌已经成为传奇。假如我们能跟她谈谈，会有怎样的一段对话呢？

人们认为这就是克娄巴特拉的头像。它的雕刻手法是典型的古希腊风格。

问：你的童年是什么样的？

答：我的童年生活非常动荡，家里人总是为了谁该掌权而争斗。虽然我那时还只是个小女孩儿，但我知道，我才是真正的掌权者。

问：那时你想过自己能当上法老吗？

答：我想过。在我父亲丢掉王位后，我的母亲和姐姐曾短暂地统治过国家，但是，她们都不如我强大。

克娄巴特拉在世时，她的头像被铸在硬币上。

问：最令你骄傲的事情是什么？

答：我用计瞒过我的哥哥（也是我的对头）托勒密（十四世），与古罗马的领袖恺撒会面。当时恺撒正在托勒密的宫殿中。我叫人把我裹在一条毯子中，偷偷抬进宫去。当我出现在他面前时，你真该看看他脸上的表情。

问：你认为自己跟你的祖先一样是希腊人，还是埃及人？

答：我认为都是。我像我的祖先亚历山大大帝一样是希腊人，但埃及始终在我心中。我是我的家族中第一个学会埃及语的人。

问：你经常旅行吗？

答：是啊！我到过我的国家的各个地方。我还跟随恺撒去过罗马。我那可恶的兄弟驱逐我，曾经让我流亡到阿拉伯半岛、巴勒斯坦和叙利亚。

问：你最喜欢哪个地方？

答：我最喜欢埃及的亚历山大，我的宫殿就在这里，非常漂亮。我也喜欢巴勒斯坦的阿斯卡隆。那里的人民非常爱戴我，把我的头像铸在他们的硬币上。

丹德拉神庙的墙壁上刻着的克娄巴特拉的形象，她站在她与恺撒的儿子——小恺撒的身后。

克娄巴特拉崇拜女神伊西斯，她的象征物是一条蛇。

问：在你看来，罗马是你的盟友还是你的敌人？

答：这么说吧，埃及在罗马的统治之下，所以我要想办法与罗马结盟。我非常擅长赢得古罗马统治者们的欢心，包括恺撒、庞培，还有马克·安东尼。

问：未来，人们会记住哪些关于你的事？

答：我的美貌和我的决心。无论命运给我什么挑战，我总能找到解决办法。

问：你对自己的孩子有什么期望？

答：他们都会成为伟大的领袖，像我一样。

问：你害怕过什么吗？

答：我害怕失去我的地位。人们太容易起来反抗了。我还担心罗马新的统治者屋大维会把埃及从我手中夺走。

神秘的结局

在屋大维（又被叫作奥古斯都）统治罗马后，他把克娄巴特拉关进监狱。她在公元前 30 年去世，死时 39 岁。传说她是在监狱中被毒蛇咬死的，但真实情况不得而知。克娄巴特拉死后，古埃及成为罗马帝国的一部分。

金字塔

金字塔是法老的陵墓。这些巨大的建筑不仅能够保护他们的身体，还能确保他们不被世人遗忘。建造金字塔往往需要很多年的时间，要动用成千上万人。有的法老在他们的金字塔建好之前就死了，也有的法老在世期间修建了不止一座金字塔。

金字塔是如何建造的？

这幅图模拟了吉萨大金字塔建造时的情形。石匠切割石头，并将它们打磨成巨大的块状石头。工匠们围绕着金字塔边缘的斜坡铺上碎石，然后利用圆木将巨大的石块运到需要的地方。

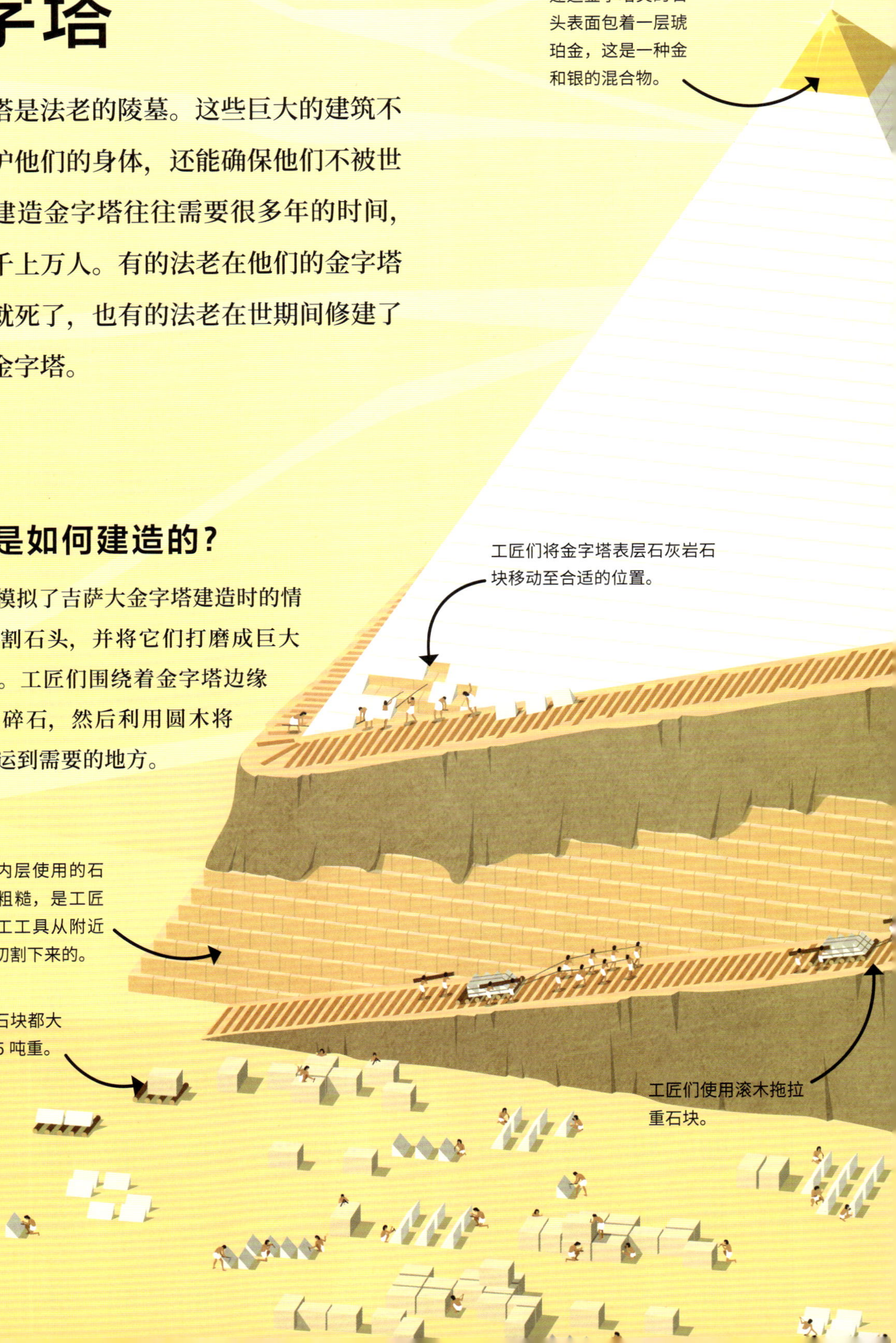

用作金字塔表层的石块是石灰岩，工匠们把它们放置在合适的位置之后，还要将石块表面磨平。

当金字塔表层的工程完成后，斜坡就会被拆除。

吉萨大金字塔

金字塔的现状

在古埃及和临近的努比亚，大约修建有 100 座金字塔，但并非所有的金字塔都被很好地保存下来。吉萨大金字塔表层的石灰岩块已经脱落，是世界七大奇迹中唯一保存至今的古代建筑。

斜坡是由碎石子和泥块筑成的。

哇哦！

法老斯尼夫鲁修建了 3 座金字塔，每座的高度都超过了 100 米。

金字塔表层使用的优质石灰岩块是用船从附近的图拉采石场运来的。

制作木乃伊

古埃及人相信，必须保存好自己的肉身，才能有来世。不仅如此，还要保证肉身是完美无缺的。想要让身体达到完美且坚不可摧的效果，需要花费三个月左右的时间。有时候，身体的某些部位还会被替换——人们发现有些木乃伊有两条左腿。

制作木乃伊的祭司首先要戴上胡狼面具。他们认为戴上面具就意味着自己成了阿努比斯神，传说是他发明并制作了第一具木乃伊。

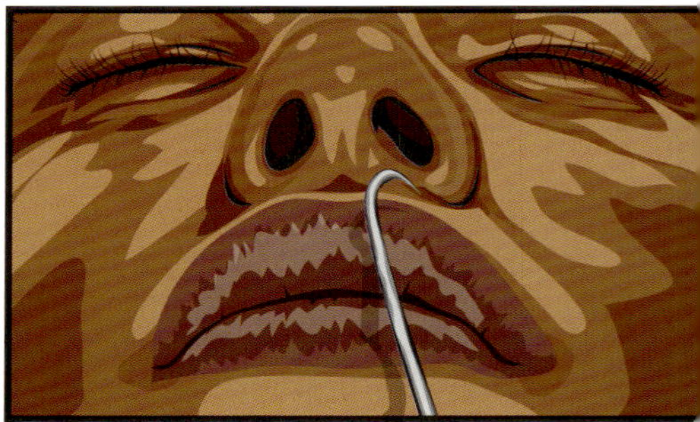

古埃及人认为大脑并不重要，因此会用一个钩子将脑髓通过鼻孔取出。

肺、胃、肝和肠子等内脏也都会被取出，放在特殊的罐子中。这些罐子叫作卡诺皮克罐。

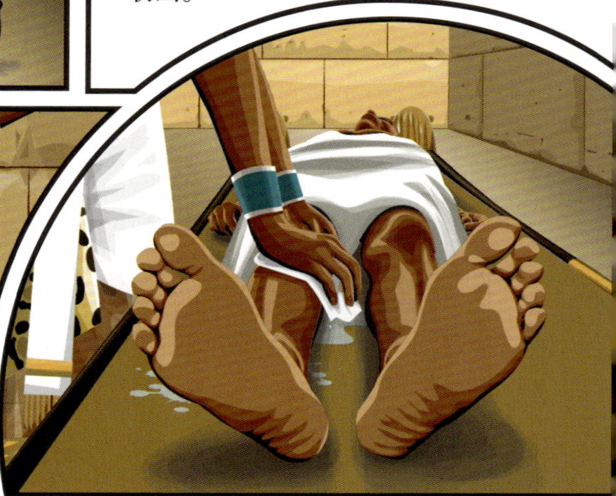

使用一种散发着甜香的油，将身体从内到外清洗干净。

为了保持尸体干燥，防止腐烂，人们会在尸体里放入袋装的泡碱，然后再将全身上下都用泡碱覆盖。大约40天后，才能进入下一个制作流程。

为了让尸体尽可能显得美好，还要化妆和染发。有时候还会往手指甲和脚指甲上覆一层金箔。

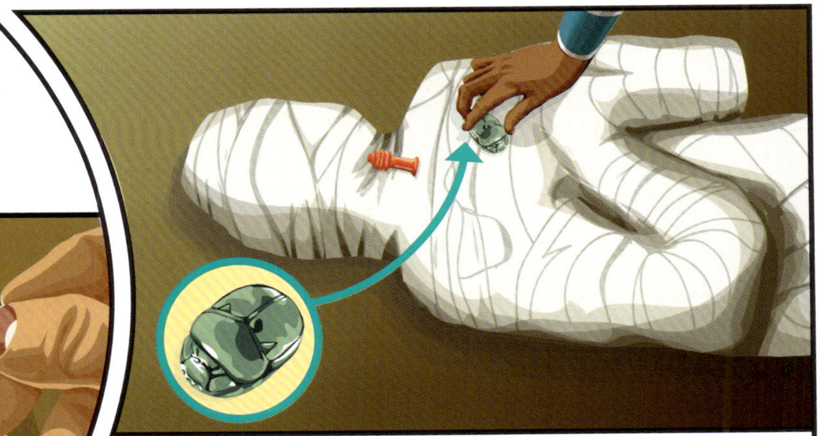

随后，用亚麻布条将尸体包裹起来。这个过程中，还会把护身符裹进布条中。布条外面，再裹上更大的亚麻布。

最后，在脸上戴上面具，将尸体放入棺材。很多棺木上都雕刻着人脸。即使其中埋葬的是位老者，雕刻的面孔也是年轻而完美的。

亡灵书

这是一部关于如何去往来世的指南书，配有精美的插图。书中包含了许多咒语，可以保护死者的安全，或者把死者变化为各种各样的东西。除此之外，本书还叙述了见到神的时候应该遵守的规则。

阿努比斯准备木乃伊

打扮成阿努比斯神的祭司将死者的尸体制作成木乃伊。旅行开始了。

“否定”忏悔

死者在地下世界与神相遇，进行“否定”忏悔，也就是必须向神保证，自己生前从未做过坏事。

称量心脏

要想去往天堂，死者必须通过一个测试——他们的心脏必须与“正义的羽毛”同样轻，否则……

面对魔鬼

分量重的、被认为是邪恶的心脏会被扔掉，被恶魔阿米特吞食。对这些人来说，他们的旅行到此就结束了。

亡者的旅行

当一个人死去，他就开始了去往来世的旅程。在古埃及人的想象中，这段旅程将面对许多条复杂的道路，通过很多道门，一路上还要取悦各路神明。每个死去的人在进入永生之前都要先通过测试。一旦通过测试，他们就会变得无比强大。

冬抵天堂

依行的终点是死神的王国，
邓里有鲜花，有食物，
尔渴望的一切那里
邓有。

通过测试！

好人能够摆脱魔鬼，变得非常强大。他们拥有特别的能力，能将自己变化成任何形状，比如一条有腿的蛇。

身体与灵魂

在古埃及，人们把灵魂称作“巴”（Ba），并认为它是人头鸟身。它能飞出身体，飞到活人的世界。在阴间，需要有特殊的咒语才能将灵魂召唤回死者的身体。

“巴”在自己的木乃伊上空盘旋。

王族墓葬

法老与普通人不同，他们不用经过测试，就会与太阳神一起飞过天空。墓中会有很多财宝随他们一起下葬，甚至连他们的棺材都用黄金包裹。下面这些棺材都属于法老图坦哈蒙。

陵墓之旅

在新王国时期，国王们不再修建金字塔了。王族去世之后，会被埋葬在两座守卫森严的山谷里，它们被叫作帝王谷和王后谷。两处的陵墓中有五颜六色的壁画，有供来生使用的财宝，还有机关和陷阱，以防盗贼闯入。

帝王谷

帝王谷

这张地图上显示的是帝王谷的主体区域，也就是东谷。另外还有西谷，面积较小，墓葬也较少。目前为止一共发现了 65 座陵墓，但还不断有新的陵墓被发现。

王后谷

这座山谷主要是埋葬国王的妻子和孩子的。王后谷比帝王谷小，但是陵墓数量却更多，约有 90 座。其中最受人瞩目的是妮菲塔莉王后的陵墓，她是拉美西斯二世的妻子。墓中的壁画在 1992 年被修复，现在看起来像新的一样。

妮菲塔莉

图特摩斯三世

这位骁勇善战的国王在建造自己的陵墓时很有创意。他的陵墓（编号为 KV34）入口建在高高的悬崖上，墓室是椭圆形的。

国王的石棺

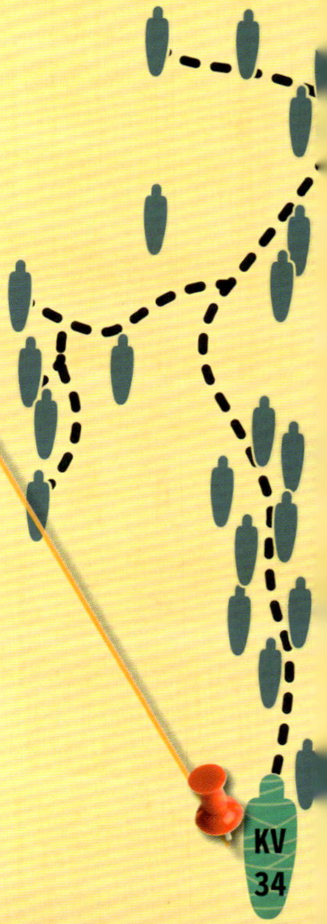

图坦哈蒙

谷中这座著名的陵墓是在 1922 年被发现的，编号为 KV62。墓中发现了大量财宝，以及图坦哈蒙的尸体。它曾经在很久远的年代被盗过两次，之后又被重新封上了。

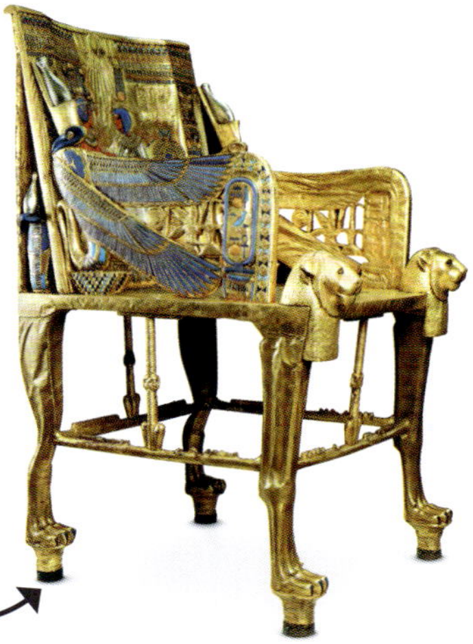

图坦哈蒙的黄金宝座。

哇哦！

一些帝王谷中的陵墓是为宠物建造的。

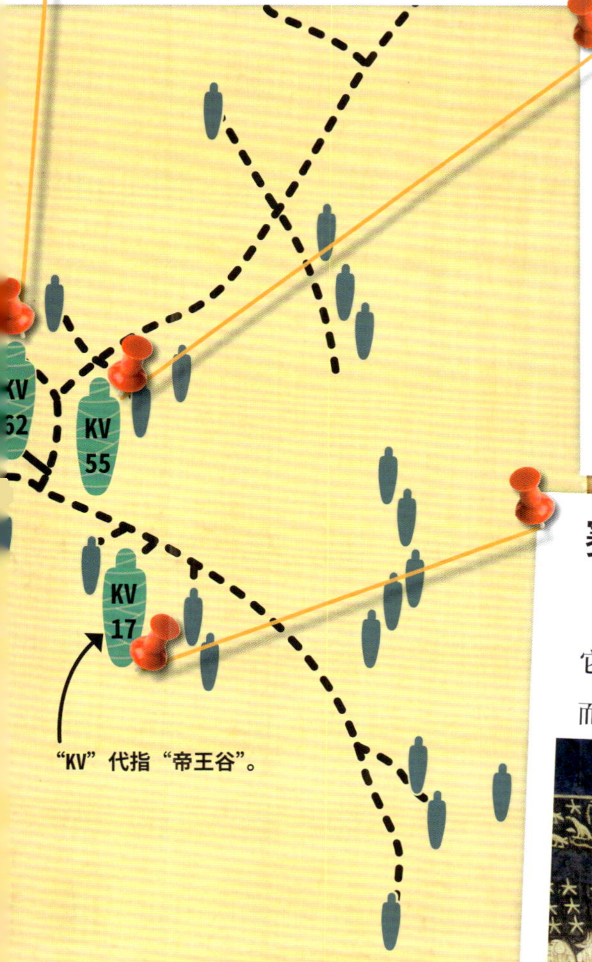

“KV”代指“帝王谷”。

神秘的陵墓

KV55 墓中的棺材遭到过蓄意破坏。

编号为 KV55 的陵墓被发现时，其中虽有棺材，但棺木上雕刻的人脸和墓室中的所有人名都被铲掉了。有些古埃及学家认为，这可能是最招人怨恨的国王埃赫那吞的墓。

赛提一世

帝王谷中最美的陵墓是 KV17——赛提一世的墓。它也是最长和最深的墓，因墓顶上描画着夜空和星星而闻名。

夜空中的诸神

古埃及人的家

古埃及的城镇是沿着尼罗河岸建造的，后来在这些古城镇的原址上面又修建了现代城镇。因此，几乎没有古城遗迹保留下来，我们也无法了解古埃及房屋的样貌。不过，在帝王谷和王后谷旁边的沙漠里，有一个叫德尔麦迪那的村落，向我们展示了古埃及人的日常生活。

德尔麦迪那的房屋

负责修建王室陵墓的工匠与他们的家人一起居住在德尔麦迪那。这张图表现的是村中中等大小房子的情况。在这样一座房子里，住着大约 20 个人。

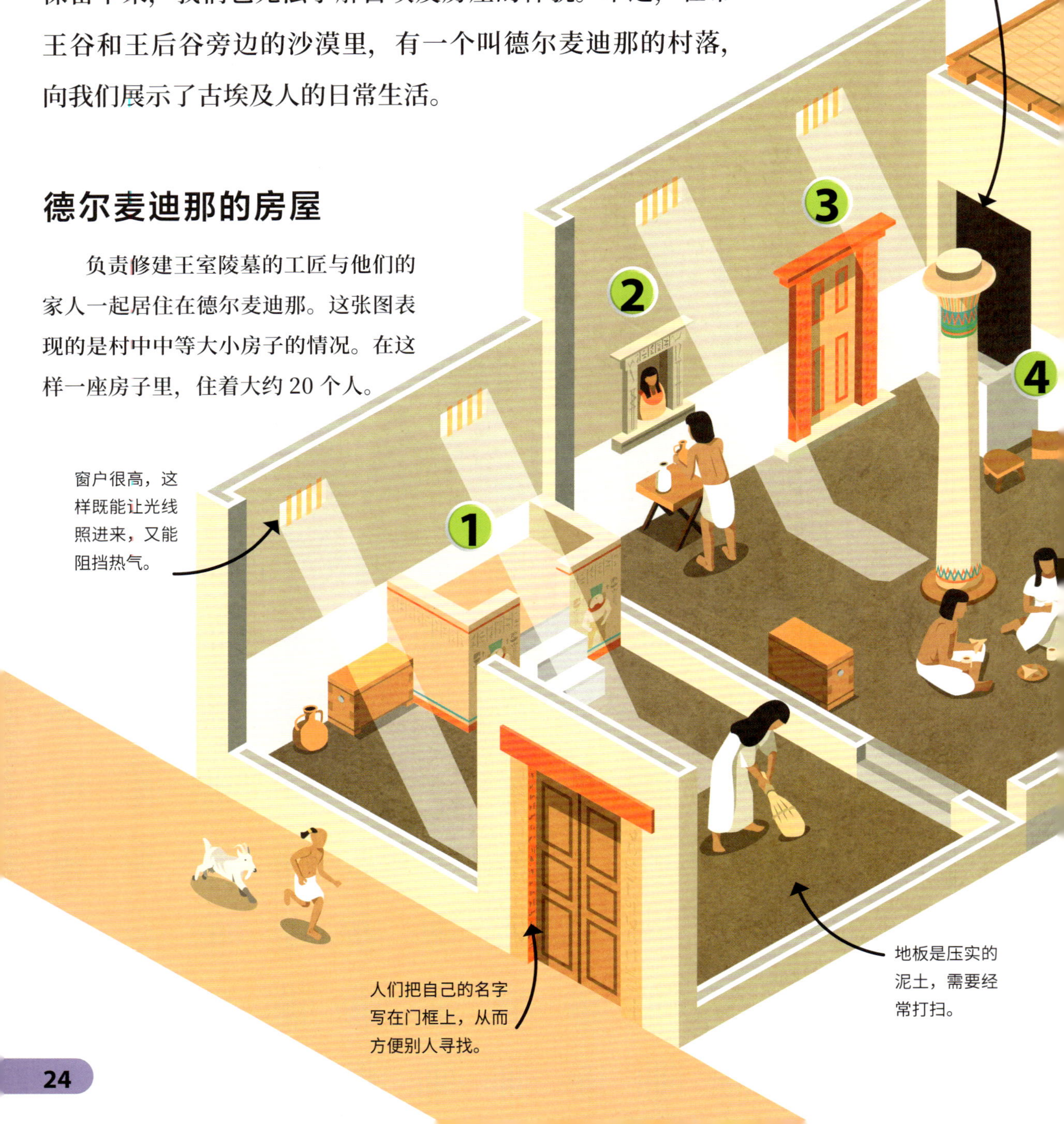

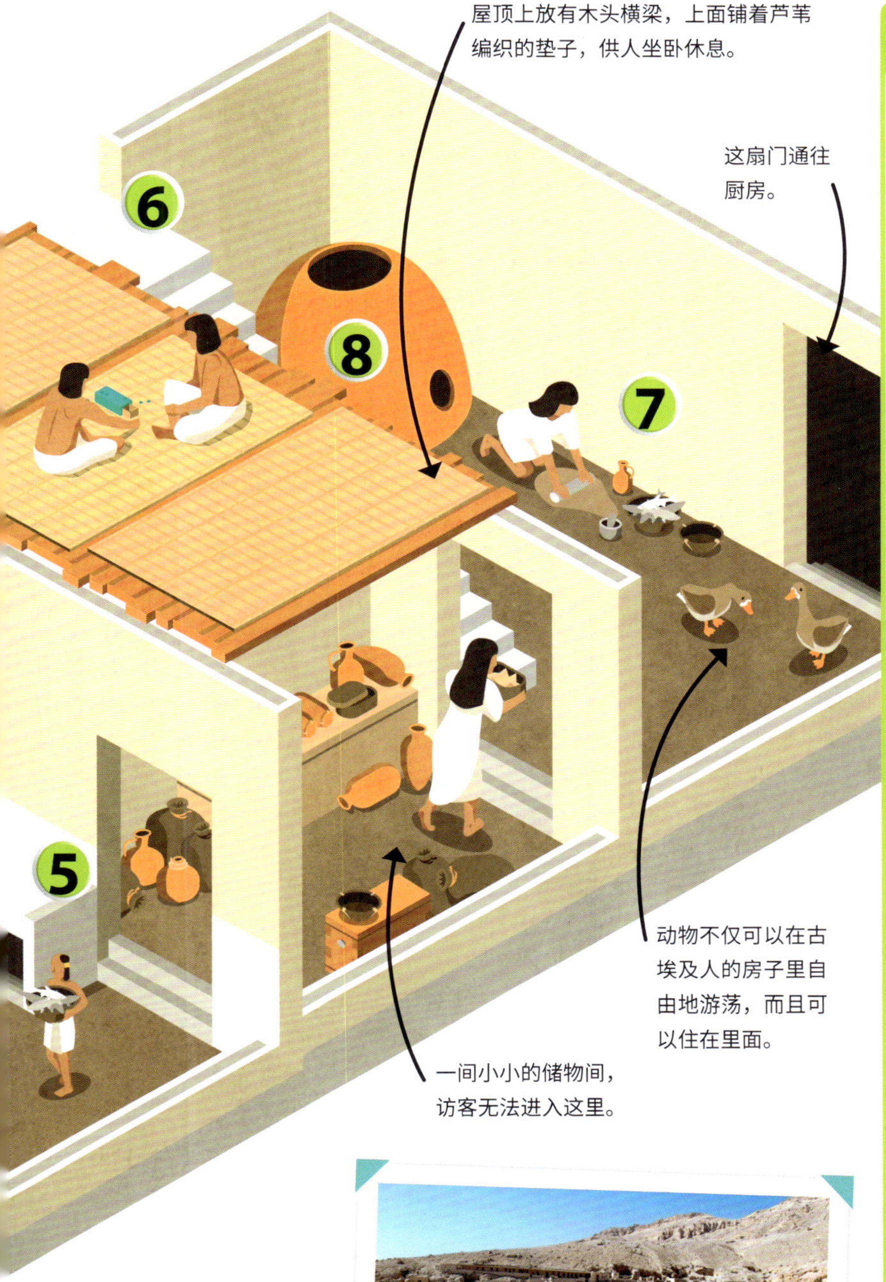

房子里有什么

1 **封闭的床** 这个神秘的物件可能是用来睡觉的，也可能是用来祈祷的，但到底是干什么的，我们现在已经不得而知了。

2 **家中神龛** 这里应该是放置神像的地方。家人在这里祷告，向神敬献贡品。

3 **假门** 这是墙上的一道假门，是家中另一个用于祈祷的地方。这道门还是已经去世的家族成员的魂灵来往的通路。古埃及人相信祖先的魂灵会常常回家里来看望他们。

4 **坐的地方** 客人们被安排在这里就座，这里是家中最漂亮的地方。

5 **地窖** 顺着台阶可以下到地窖，珍贵的东西都被放在这里，以确保安全。

6 **通往屋顶的台阶** 古埃及人的房子屋顶是平的，可以由台阶爬上去。晚上，人们可能会在上面睡觉。

7 **磨石** 人们用一根滚轴在平坦的石头上将谷物磨成粉。这种石头就是磨石。

8 **炉子** 这种顶部敞开式的炉子是烤面包用的。古埃及人家家户户都自己烤面包。

工匠们的村庄

德尔麦迪那之所以被几乎完好地保存下来，是因为它所处的地方很难到达，并且其上也没有再建造其他建筑。日常生活的供给，尤其是水，都必须从外面专门运送。

如今的德尔麦迪那

艺术作品

古埃及人的艺术品大都色彩丰富，美丽非凡。每一件艺术品都肩负着一项重要的任务：保存什么，保护什么，或者提供什么。许多艺术品都“有话要说”，也就是说，上面有文字。人们在制作每一件物品时，都希望它能永久留存，因此，很多物品现在看起来仍跟刚刚制作完成时一样。

壁画

陵墓墙壁上的画描绘的往往是墓主人的形象，和他们对来世的愿望。这些愿望包括接近神明，比如奥西里斯神。这些壁画中的神和人都是身体朝前，脸看向侧面。

什么是纸莎草？

纸莎草是一种生长在尼罗河沿岸潮湿地带的植物。古埃及人将它的茎撕成长条，铺平，再将它们连在一起，制成薄片，也就是纸莎草纸。

纸莎草纸

这一页纸莎草纸来自《亡灵书》。这部书告诉了人们去往来世的旅程中需要用到的咒语和相关知识。在这页纸上，太阳神凯布利以展翅的圣甲虫的形象出现，在天空飞过。

雕像

法老们经常为自己制作雕像。古埃及最大的雕像是斯芬克斯，它有巨大的狮子的身体，以及哈夫拉法老的头。这座雕像的作用是保护陵墓。

陶器

有的陶器是功能性的，有的则是装饰性的。这些美丽的器皿通常是为来世准备的。这个蓝色的香水瓶上刻着阿蒙霍特普二世的名字。这个瓶子可能属于他，也可能是他送给别人的礼物。

木雕

古埃及人雕刻的这种仆人模样的小小雕像，叫作巫沙布提俑。他们把这种雕像放在自己的陵墓中，作为自己来世的仆人。雕像上刻着的咒语能给予她生命，然后无论听到什么吩咐，她都会大声说："我来做！"

诸神

古埃及人信仰的男神和女神有 100 多位，他们甚至还从邻国“借”来了一些神。很多神在几千年历史中广受欢迎。有些神拥有动物的身体或脑袋，大部分神都有自己独特的标志。

众神谱系

很多男神和女神之间有亲缘关系。下图就是其中最有名的一个。每一位神都代表着自然界的一部分，比如天空，或者星辰。

太阳神

阿图姆 - 拉是诸神之父。他创造了自己，然后从一片虚无之水中创造了世界。

空气之神

舒代表着“气”，他名字的意思是“空气”和“光”。古埃及人把云叫作“舒之骨”。

水之女神

这位长着狮头、显得有些凶狠的女神，代表着古埃及人赖以生存的水。

大地之神

盖布是舒和泰芙努特的儿子。他通常被描画为仰面躺着的形象。他这样做是为了支撑他的妻子努特——天空与星辰女神。

天空与星辰女神

努特的身体是星星和太阳的家园。她的形象通常是在盖布上方伸展着身体，仅有手指和脚趾与盖布相触。

伊西斯

魔法与生命女神

伊西斯是一位满怀爱意的妻子和母亲，同时也是法力强大的神。她是古埃及最受欢迎、存在时间最长的女神，连罗马人都崇拜她。

奥西里斯

冥王

奥西里斯是古埃及的第一位国王，死后成为掌管来世的神。也就是说，他有权决定谁死后能在冥界生活。

奈芙蒂斯

护佑女神

奈芙蒂斯是一位善良的女神。在姐姐伊西斯的丈夫奥西里斯去世后，她安慰姐姐，并帮助姐姐让她丈夫得以重生。

塞特

暴力之神

塞特十分强壮。他嫉妒哥哥奥西里斯，试图从他手中夺取王位。后来，他与奥西里斯的儿子和继承人荷鲁斯讲和了。

荷鲁斯

天空和王权之神

荷鲁斯年轻时与叔叔塞特开战，夺得了古埃及的王位。后来他成了法老们的保护神。

阿努比斯

木乃伊之神

阿努比斯狼头人身，是奈芙蒂斯的儿子。他负责在人们死后照看他们的身体。他用奥西里斯的身体制作了世界上第一具木乃伊。

哈索尔

还有一位重要的女神叫哈索尔。她非常美丽，热爱音乐、舞蹈和啤酒。远行的古埃及人因为思念故乡，常会在异乡建造哈索尔的神庙，这样就能得到她的护佑。她的头饰的形象是一头母牛，双角之间托着太阳。

拥有母牛双角托起太阳头饰的哈索尔。

庙宇

古埃及的庙宇有的很小，只是一个石刻的神龛；有的却非常大，和一个小城镇差不多，而且结构复杂。因为是神的家，所以它们的位置都很隐秘。庙宇中有雕像，有音乐，有香气，但是没有膜拜的人。只有法老们，以及神的仆人——男女祭司们，才被允许入内。

卢克索神庙

人们会在卢克索神庙举行一年一度的欧佩特节庆典。在庆典上，一支庞大的队伍会将太阳神阿蒙的雕像从附近的卡纳克神庙抬到卢克索神庙。两列斯芬克斯雕像排列在道路两旁。拉美西斯二世把自己巨大的雕像放在了入口处，这样他就成了第一个迎接神的人。

列队的斯芬克斯

其他庙宇

除了卢克索神庙，古埃及还修建过100多座神庙。其中一些一直保留至今，可以供游人参观。

卡纳克神庙

卡纳克神庙

卡纳克神庙由三个庙宇组成，是古埃及最大的神庙建筑之一。卡纳克神庙是献给太阳神阿蒙和他的家人的。

艾得芙神庙

艾得芙神庙是埃及保存最完好的神庙，它是用来供奉荷鲁斯的。

与神对话

庆典中，神的雕像会被抬到神庙外面，这样普通百姓就可以向神问问题，了解关于未来的事了。当然，这些神是通过祭司来“说话”的。

哈布城

哈布城

哈布城内部仍保留着非常漂亮的色彩。这座神庙是敬献给法老拉美西斯三世的。

丹德拉神庙

丹德拉神庙的天花板被绘制成了夜空的样子，令人叹为观止。神庙中还有巨大的柱子，顶端是哈索尔女神的头像。

古埃及人的衣着

古埃及妇女用一种叫亚麻的植物来制作麻布，以供自己使用。她们将亚麻纤维浸泡、涮洗之后，纺成线，再织成布。祭司们的衣服是用动物皮毛制成的。羊毛质地的衣服比较少见，因为穿着太热了。

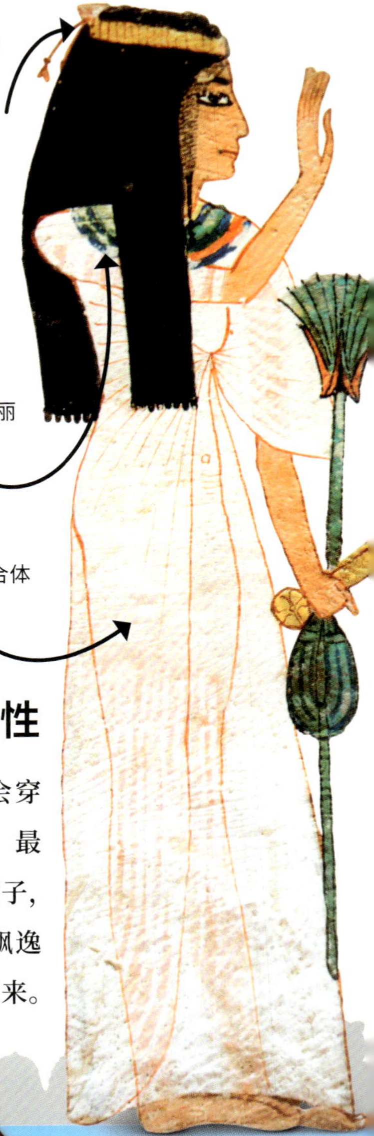

女性

富有的女性通常会穿精致的白色亚麻长裙。最初的时尚是穿紧身的裙子，但是后来，带褶皱的飘逸的裙子开始变得流行起来。

这是真的吗？

图坦哈蒙的坟墓中
有好几条国王的内裤。

王族的鞋和王冠

为了显示自己的地位，国王的形象必须与普通人有区别。他经常穿着装饰繁复的凉鞋，并且拥有不止一种王冠。

图坦哈蒙的鞋

在图坦哈蒙的墓里发掘出 1
多双鞋。它们大都是木质
者皮质的，上面有黄金装饰

男性

所有的男性都穿着亚麻短裙。后来，富有的男性会在短裙外面裹上非常精致的手织亚麻布袍子，有时还会穿凉鞋。

神

神的服装与普通人差别不大，男神穿短裙，女神穿连衣长裙。不过，神的衣服色彩更加丰富，也更漂亮。

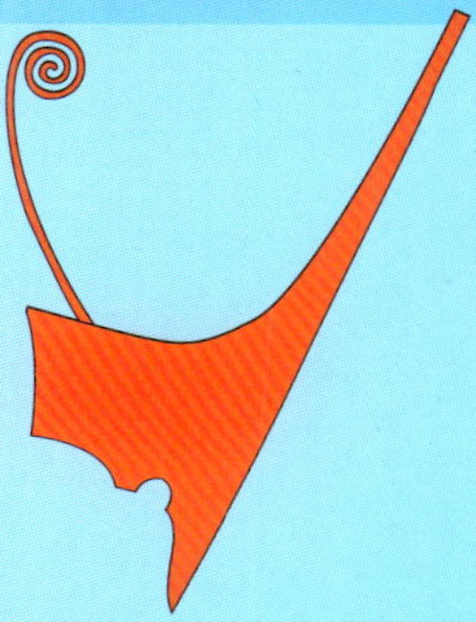

红色王冠

红色王冠代表北部埃及，也称为“下埃及”。它很可能是皮质的，用一种叫赭石的矿物质染成红色。

蓝色王冠

蓝色王冠是国王打仗或者狩猎时戴的。王冠是皮质的，染了颜色，镶嵌着圆环作为装饰。王冠前部有一个直立的眼镜蛇标志，叫作瓦吉特。

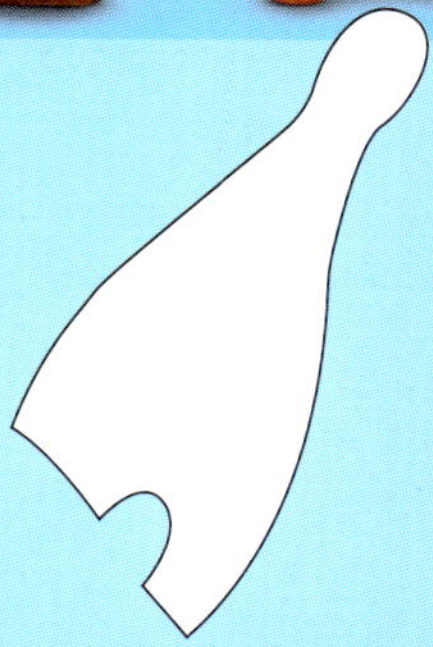

白色王冠

白色王冠与红色王冠可以算是一对，它代表的是南部埃及，也叫“上埃及”。它可能是由硬质亚麻制成的，不过可惜的是没有发现保存下来的实物。

关于美貌

打造这样的妆容

古埃及人留下了各种各样的物品，让我们得以了解他们美貌的秘密。他们会在眼睛和嘴唇上涂抹醒目的颜色，会戴浸过香水的时髦假发和装饰性的珠子。毫无疑问，打扮也是一门学问，对男人和女人都是如此。

香水锥

香水

古埃及人拥有完美头发的秘密，是在头发上戴上一种奇怪的圆锥形的东西。这些圆锥形的东西是用蜡混合香水制成的。到了晚上，它们会融到头发中，让头发显得光彩照人，气味芬芳。

头发

我们在雕塑或者绘画上看到的美丽头发其实大部分都是假发！假发更容易造型，而且，可能也让人感觉更整洁。古埃及人会用剃刀把自己真正的头发剃掉。

细密的齿。

梳子

这种梳子两边都有齿，宽齿用来梳头，细齿用来除虱子。

绿色的孔雀石粉末。

黑色的方铅矿粉末既可以用来制作眼影粉，也可以入药。

眼睛

人们抹眼妆一方面是为了漂亮，另一方面是因为觉得这样可以保持眼睛健康。绿色的粉末是由一种叫作孔雀石的矿石制成的，眼影粉则是由另一种矿石方铅矿制成的。在古埃及，无论男女都会化眼妆。

镊子用于除去杂乱的毛发。

尖头用来混合眼影，平头用来涂抹。

眼影管

眼影通常装在一根管里，有点儿像今天的眼线笔。这种管子有木质的、石质的，还有一种很像玻璃的彩陶质地的。使用的时候用一根小棍来涂抹。

带盖雪花石膏眼影罐。

眼影棒的造型就像一只手臂。

嘴唇

人们用红色颜料来涂抹嘴唇，但并不涂抹脸颊。那时的女性流行苍白的脸色，红唇恰能营造出特别好的对比效果。红颜料由赤铁矿石磨粉制作而成。

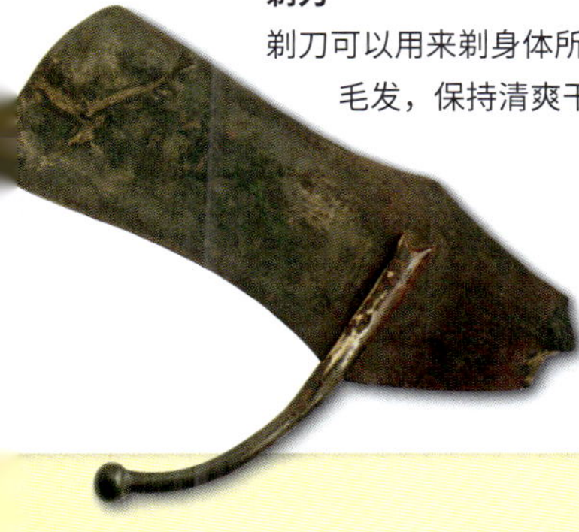

剃刀

剃刀可以用来剃身体所有部位的毛发，保持清爽干净。

红色的赤铁矿石粉末。

黄铜或者青铜质的镜子。这种被打磨过的金属时间长了会发黑。

珠宝

在古埃及，珠宝的作用并不仅仅是装饰，它还能彰显高高在上的社会地位，尤其是当这件珠宝来自国王，上面还刻着国王的名字的时候。古埃及人还相信有些物品有魔法，能够保护自己不受伤害。

手镯

这只手镯由蓝色的彩陶珠子和贝壳制成，上面挂着一只猫形护身符，它象征女神贝斯特。

这种在首饰中心镶嵌宝石的方式叫作“bezel”。

戒指

戒指也可以做印章，在柔软的黏土上盖戳。这些戒指常有自己独一无二的设计纹样。

这个雕成荷鲁
眼形状的挂件
倒置了。

圣甲虫的秘密

在图坦哈蒙墓中发现的这枚胸饰上有一只黄色的圣甲虫，它是由什么制成的呢？科学家认为，它的材料可能是闪电击中沙漠后，由沙砾变成的玻璃，也有可能是一块陨石。

图坦哈蒙的胸饰

耳环

这种耳环不像现在的耳环一样穿在耳垂上，而是挂在耳垂两边。它们也可以戴在头发上。

胸饰

这枚胸饰曾经挂在图坦哈蒙的胸口。它的造型是南方和北方两位女神共同举着神圣的荷鲁斯之眼。

荷鲁斯之眼被认为是一种护身符。

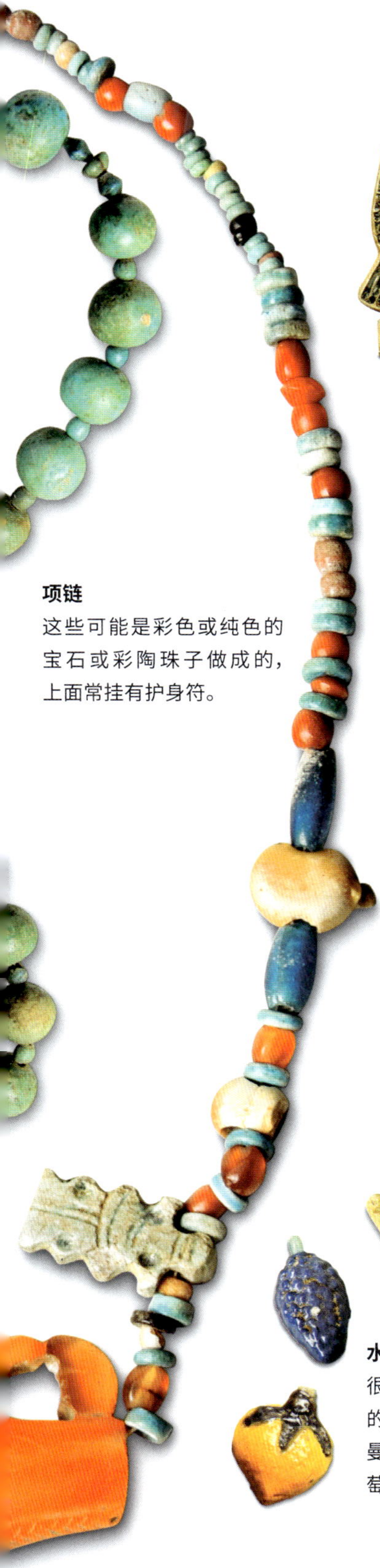

项链

这些可能是彩色或纯色的宝石或彩陶珠子做成的，上面常挂有护身符。

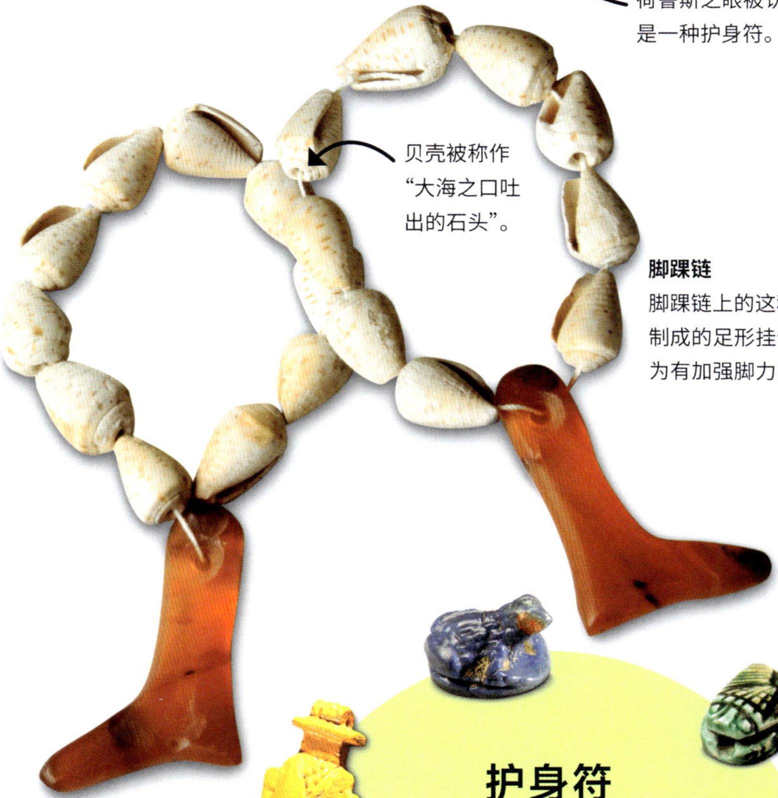

贝壳被称作“大海之口吐出的石头”。

脚踝链

脚踝链上的这种由玛瑙制成的足形挂饰，被认为有加强脚力的作用。

水果造型的珠子

很多挂坠被做成了植物的形状。这里有黄色的曼德拉草果、紫色的葡萄和绿色的枣椰树叶子。

护身符

护身符是造型为神或象形文字的有魔法的挂坠，带在身边或者挂在身上可以保护佩戴者不受伤害。它们大都是彩色的陶制品。

古埃及人的工作

在古埃及，你的家庭对你长大后会从事什么工作影响特别大。如果你的父亲很有钱，那么你可能会跟随他的脚步，成为一名重要的官员。相反，如果你的父亲是个农民，那么你很可能也会成为一个农民。当然，如果你非常有抱负，即使出身穷困，也同样有机会实现自己的梦想，晋升到更高的阶层。

金属制造工匠

金属制造工匠要忍受酷热的火炉，因为他们要将金、银、铜（后来还有铁）熔化后，再来打造各种各样的东西，包括坚固的武器和精致的挂坠。

书吏

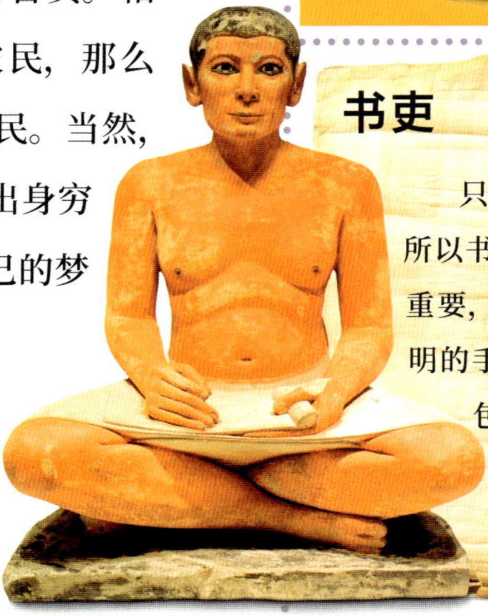

只有少数人能读会写，所以书吏知道自己的工作很重要，他们常常吹嘘自己有“聪明的手指”。他们做各种各样的工作，包括记录法老们在战场上的英雄事迹，以及为买驴子的人写收据等。

船夫

一个船夫只能驾驭一艘小船，划行很短的距离。更大的船需要更多的船员，且各自有不同的分工：有船长，有划手，还有在船尾掌舵的舵手。有时候还有一位伴奏的乐师，以让划桨的船员能够保持行动一致。

陶匠

能用黏土制作各种物品的人叫陶匠。在古埃及，陶匠需要具备能鉴别黏土品质的独到眼光，以及能利用简单工具将黏土制作成型的技能。陶匠能做碟子、雕像，甚至棺材。

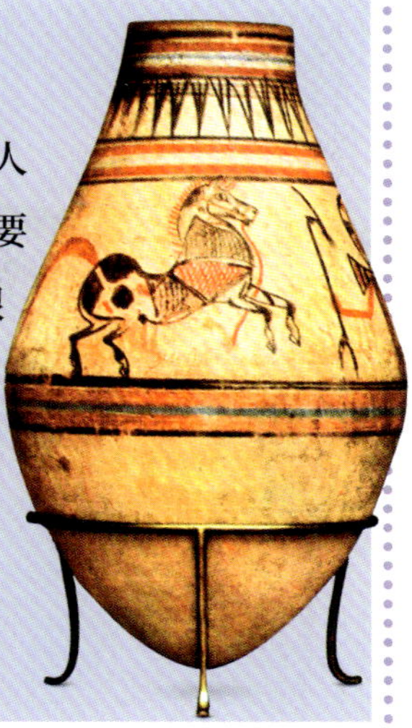

蝎咒者

他们又被称作“能控制蝎子女神塞勒凯特的人”。他们能够驱赶沙漠中的危险动物。他们常常参与探矿，也能治疗被蝎子叮咬和蜇伤的人。

被蝎子蜇伤会非常疼。

喜剧演员

在古埃及，你也可以成为一名喜剧演员。有一个叫作阿汗那克特的人曾经在采石场里留下过一段铭文，他这样描述自己：“我是一个舞者，我是一个受人爱戴的欢歌曼舞之人，我是欢乐的源泉，整个小镇人人都爱我，我让每个人都喜笑颜开。”

古埃及的阿布辛贝勒神庙，是拉美西斯二世的神庙。

女祭司

除了操持家务，有些地位较高的妇女也会成为神庙里的女祭司。她们往往承担着唱歌跳舞、为神提供娱乐的角色。在底比斯城，王室女性成员扮演着“阿蒙神的妻子”的角色，并且掌握着这座城市的实际控制权。

建筑师

最优秀的建筑师被称为“监督一切工作的人”。他负责设计宫殿、坟墓、庙宇的工作，有时甚至还要负责设计整个城镇。好的建筑师知道如何在建造坟墓时安排复杂的弯道，困住未来可能闯入的盗墓者；也知道如何设计垂直通道，让阳光刚好照进黑暗的房间，制造戏剧性效果。有两位王室建筑师甚至被后人视为神，加以膜拜。

耕种

尼罗河对古埃及农民的生活非常重要。每一年，泛滥的洪水从南方而来，所到之处留下肥沃的黑色淤泥，将沙漠变成农田。人们密切关注着尼罗河的水位高度，水位太高或太低对农民和他们的庄稼来说，都是灾难。

古埃及人的季节

古埃及人的一年有三季：泛滥季、生长季、收获季。古埃及历法中一年有365天，但是没有闰年。这就意味着年历会逐渐与实际的季节产生偏差。当年历与季节再度合拍的时候，人们会举行盛大的庆祝仪式。

这是真的吗？

人们从没崇拜过尼罗河，但泛滥的洪水却曾被当作神来崇拜。

泛滥季（6月中至10月中）

泛滥

古埃及的一年始于 6 月中，尼罗河水开始泛滥的时候。这个时候，人们的主要工作是建造，因为土地都被洪水淹没了，没法耕种。

生长

土地刚从水中露出，人们就开始播种，种下诸如小麦一类的庄稼。这是农民一年中最忙碌的季节。

生长季（10月中至2月中）

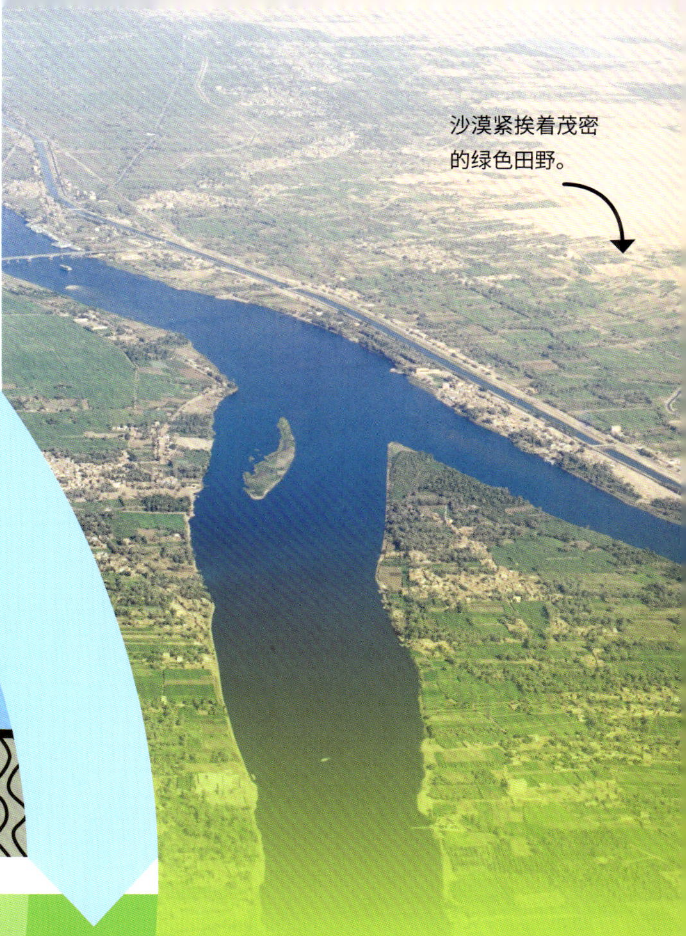

沙漠紧挨着茂密的绿色田野。

富饶的尼罗河

古希腊著名的旅行家希罗多德把埃及称作“尼罗河的赠礼”，因为如果没有尼罗河的洪水，那么这里不过是一片沙漠。

现在，农民在尼罗河边种植甘蔗。

食物和饮品

埃及的土地非常肥沃，大量的水果、蔬菜及各种谷物（比如小麦）在此茁壮成长。富人自然可以尽情地享用这些美味食物，即使是穷人，也能吃得不错。古埃及人吃的食物中，有很多我们今天也还在吃。

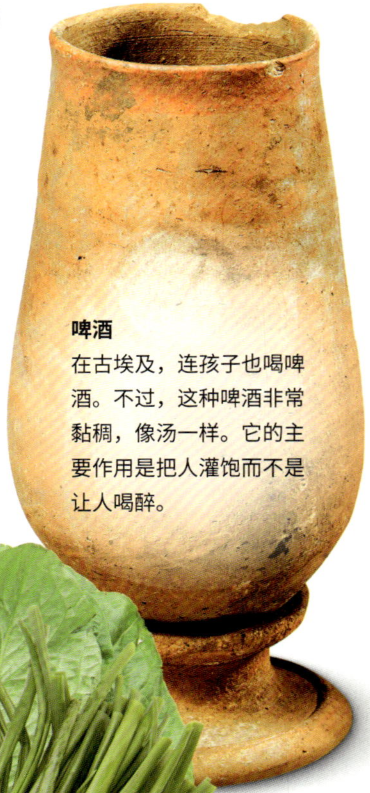

啤酒

在古埃及，连孩子也喝啤酒。不过，这种啤酒非常黏稠，像汤一样。它的主要作用是把人灌饱而不是让人喝醉。

穷人的食物

穷人的食物比较简单，主要是自制的面包和啤酒。一些人也会自己种植水果和蔬菜。

生菜

生菜既可以作为食物，也可以入药，有时被当作献给神的供品。

小葱

在很早以前，小葱是古埃及穷人的主要食物。

Nabk 枣

这种小小的水果生长在带刺的树上，味道很像苹果。

黄瓜

黄瓜是古埃及菜单上最时髦的食物，可能要在特殊的日子才能吃到。

面包

面包是最常见的食物，有各种形状和尺寸。

小萝卜

这种小萝卜很容易种植，但是很难吃。古埃及人在吃之前很可能会先将它煮一下。

富人的食物

在古埃及，富人的食物种类比穷人的要多得多，包括甜甜的蛋糕、软糯的酥皮点心、各种肉类，以及他们喜爱的各种蔬菜水果。富人和穷人饮食的最大区别是，富人吃的肉要多得多。

这是真的吗？

有个叫梅汝卡的有钱人，会先把土狼养肥，然后用土狼肉做大餐吃。

肉类

当时最贵的肉是牛肉，而且只有富人才能吃到。此外，古埃及人可以说什么肉都吃，包括鸽子肉。

糕点

糕点的种类很多，往往还会加入水果或坚果来调味。

石榴

石榴不是古埃及本土水果，要从国外购买。

瓜类

瓜的果肉和种子都能吃。

酸奶

因为埃及气候炎热，牛奶很难保存，所以人们常会将其制成酸奶或奶酪。

蜂蜜

蜂蜜被当作糖来用，以增加食物和饮料的甜味。

莲藕

莲藕口感很脆，香甜可口，可以生吃，也可以煮熟了之后再吃。

枣

枣可以单独食用，也可以压碎成泥，用来做蛋糕。

无花果

西克莫无花果非常昂贵，可以用来酿造烈酒。

动物

古埃及人的生活中不乏各种各样动物的身影。有的动物被当作宠物，有的被当作食物，还有的则被用来驮运东西，或者耕种田地。古埃及人会躲避或者捕猎像狮子这样的危险动物；而另一些动物，比如朱鹭，则被视为神的化身。这些动物生活在神庙中，死后还会被做成木乃伊。

狮子

法老们崇拜狮子所拥有的强大力量，所以他们用自己的头和狮子的身体创造出斯芬克斯的形象。

朱鹭

这种水鸟被认为是书写之神托特的化身，也许是因为它会用长长的喙像笔一样在泥地上划来划去吧。

狒狒

狒狒虽然脾气很坏，但却是古埃及人非常喜爱的一种宠物。

河马

这种暴脾气的动物对渔民来说是个很大的威胁。它也是代表暴力之神塞特的诸多动物之一。

猫

古埃及人特别喜爱猫，在后期埃及，人们崇拜猫，认为它是女神贝斯特的化身。

蜣螂

因为总是推着个粪球到处跑，古埃及人认为它是天空中穿行的太阳神的化身。

鳄鱼

鳄鱼对尼罗河上的船夫及岸边的食草动物来说，都是很大的威胁。它被看作是索贝克神的化身，受到古埃及人的崇拜。

猎鹰

猎鹰被认为是空中之王。它也被认为是法老守护神荷鲁斯和法老们的化身。

胡狼

因为夜晚总是在墓地附近出没，胡狼被认为是死者的保护神阿努比斯的化身。

配对：这是哪种动物的木乃伊？

在古埃及末期，有上百万动物被做成了木乃伊，作为献给它们所代表的神的供品。你能揭开它们神秘的面纱，将每一具木乃伊与它们里面的动物正确配对吗？

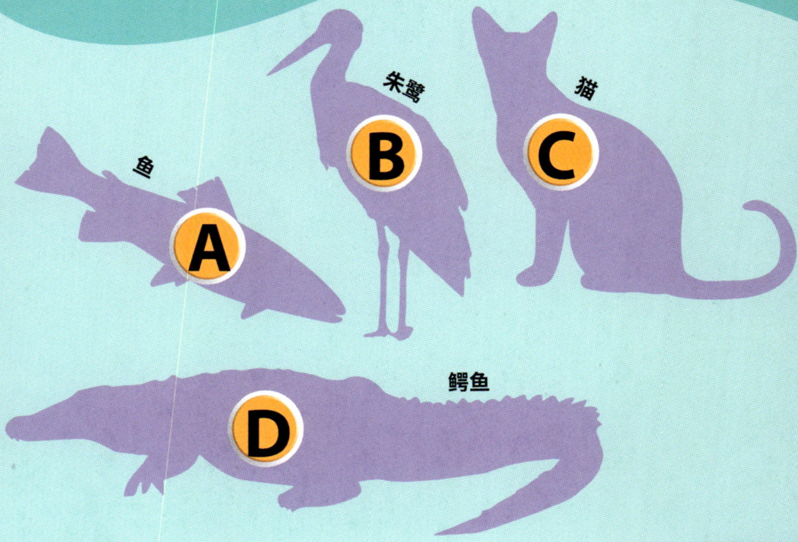

答案：1A 2C 3B 4D

船舶和贸易

在古埃及，大部分的小船只能在尼罗河上做短途旅行；大船主要用于海上航行，将士兵和商人送往远方。这样做有时是为了征战，不过大多数时候还是为了贸易，换回生活必需品，比如盖房子用的雪松，以及贵重金属、宝石、香料等奢侈品。

哈特谢普苏特的船

哈特谢普苏特女王的船从遥远的蓬特带回了各种稀有的物品。其中最珍贵的，是她栽种在自己神庙花园里的香木。

哇哦！

法老胡夫的墓里有5艘与实物一样大的船，其中一艘有43.3米长。

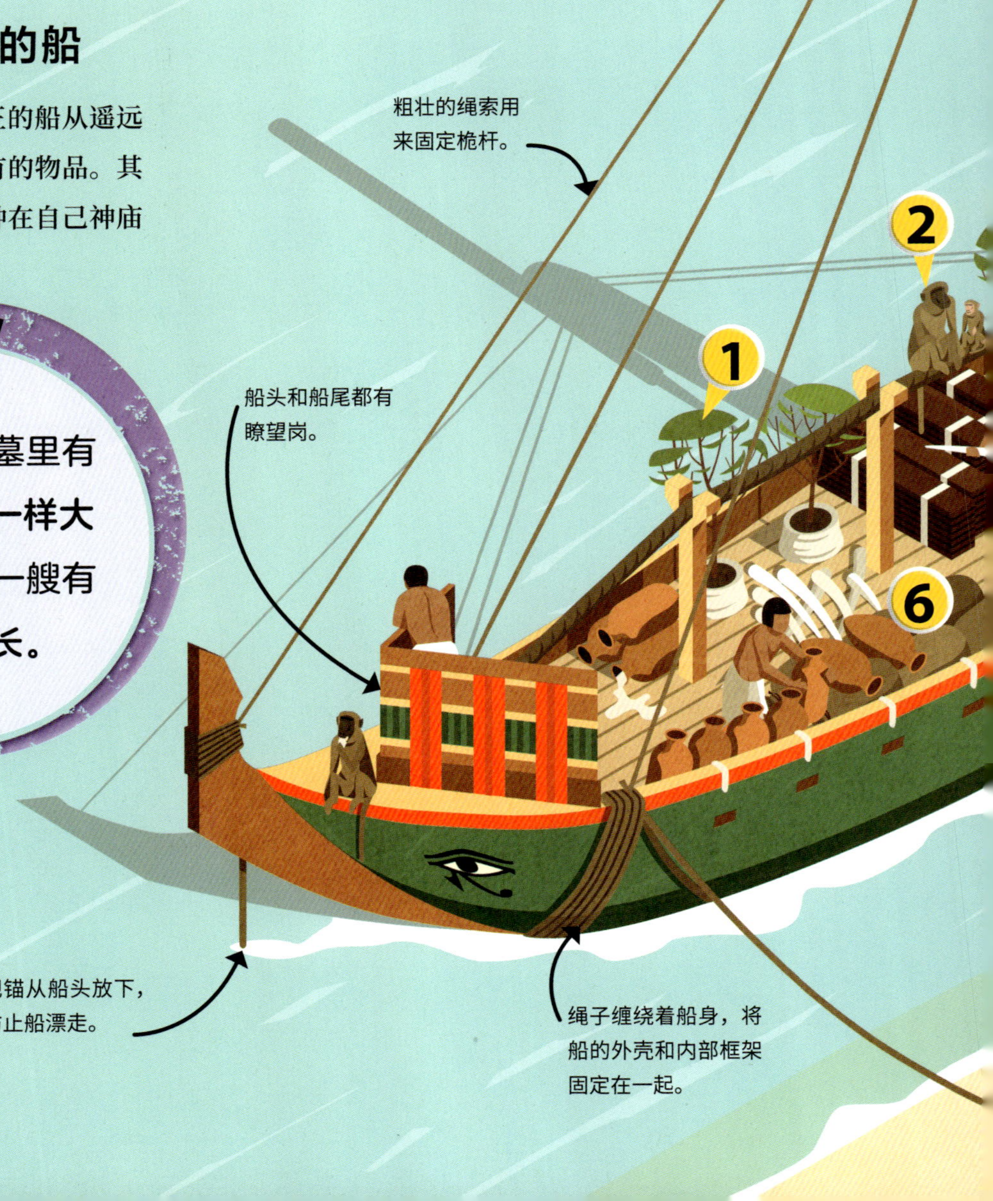

船上有什么？

1 **香木** 香木之所以珍贵，是因为古埃及不出产这种树木。人们焚烧香料以取悦神明，所以它非常重要。

2 **特别的宠物** 狒狒和绿猴被带入古埃及后，成了人们的宠物。

3 **乌木** 这种乌黑光洁的木材特别适合制作家具上的那些特殊部件。

4 **象牙** 非洲象的长牙被做成了小雕像和装盛物品的器具。

5 **豹皮** 豹皮被用于包裹、装饰一些东西，如被做成装箭的箭袋。

6 **罐子和麻袋** 人们把有香味的没药（一种药物）、松香，还有金子和各种矿物碾碎后，用来画画。运输这些材料和珍贵的草药时，人们会把它们装在罐子或麻袋里。

7 **蓬特人** 来自蓬特的成年人和孩子也在船上。他们可能是去古埃及帮助种植香木的。

医学

古埃及的医学书籍留存下来的很多，其中一小部分抄在纸莎草纸上的文字记载了各种各样的药方，有治疗疾病的，也有处理伤口的。古埃及的医生非常聪明，他们的有些治疗配方至今仍在使用。不过，他们用的药很多都非常古怪，千万不能自己在家尝试。

哇哦！

古埃及人将脉搏称作“心脏的语言”。

你有伤口吗？

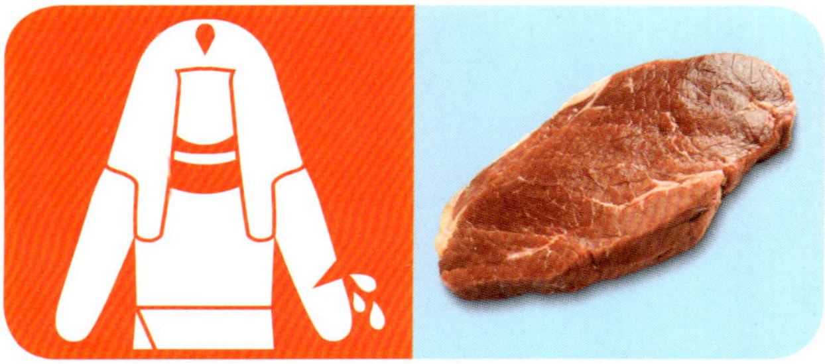

用肉把它包扎起来！

万一被割伤或咬伤，伤口要立即用新鲜的肉包扎起来。

你的视力有问题吗？

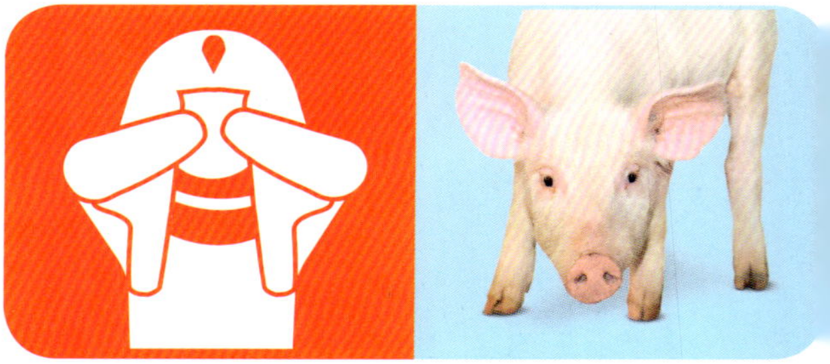

试试猪眼睛！

实际上，是将猪眼睛里的液体直接滴入人的耳朵里。

被蛇咬了？

来点儿啤酒！

这种啤酒不是用来喝的。把一只洋葱压碎后放在酒中浸泡，然后用这种混合物漱口，要漱一整天！

头痛？

煎一条鲶鱼！

将鲶鱼的头骨放在油中炸一下，然后将其敷在头上，连续敷 4 天。

眼睛酸痛？

试试化个眼妆！

化眼妆用的颜料粉末被认为有药用价值，可以保持眼睛健康，防止苍蝇叮咬。

被刺扎了？

用海盐和黄蜂粪便！

将海盐和黄蜂粪便与面粉、油脂、红色铅粉还有蜡混合在一起，抹在伤口上。

睫毛扎眼睛？

用蜥蜴血！

如果睫毛向内卷，扎眼睛，可以先把内卷的睫毛拔出来，然后在相应部位抹上蜥蜴血、蝙蝠血和香料的混合物。

魔法

古埃及之所以要在药物中加入某些成分，是因为他们认为这些成分拥有魔法效力。用药的时候，还要配合咒语。

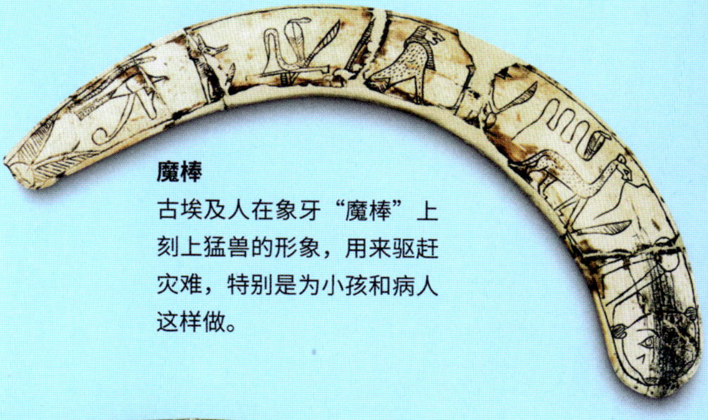

魔棒

古埃及人在象牙“魔棒”上刻上猛兽的形象，用来驱赶灾难，特别是为小孩和病人这样做。

荷鲁斯石碑

这种有装饰的石头叫作石碑，古埃及人通过将水倒在石碑上，来获取那上面的咒语力量。人们认为喝下这种水后，可以保护自己不受危险动物的伤害。

魔咒

这是一个古埃及咒语，在做噩梦之后使用。里面提到了暴力之神——塞特和善良的神——拉。

“欢迎你，美梦！愿夜晚如白天一样清明！愿努特之子塞特带来的所有苦难都被赶走！愿拉战胜他所有的敌人，愿我战胜我所有的敌人！”

起点

你出生了！

在古埃及，婴儿要活下来很不容易。人们会给你取一个类似“他很快乐”这样的名字，并希望这个名字能给你的一生带来好运。

1 你的妈妈是奴隶 停一次

如果你的父母是奴隶，那么你肯定也得做奴隶，为你的主人辛苦工作。

2

13

12 你天生就是红头发 再扔一次骰子

红头发在古埃及人中很少见，被认为是暴力之神塞特的化身。

11

“生命”符号护身

猫

14

15 你的宠物猫把你抓伤了 停一次

你家里可能养着各种各样的宠物，比如猫、狗，甚至还有狒狒、绿猴和瞪羚。

16 贝斯回应了你的祈祷 前进 3 格

贝斯是负责保护孩子的神。只要他的形象常在你左右，就能保你平安。

17

绘有贝斯形象的水壶

18 你觉得不舒服 停一次

有时候，医生给你的药反而病本身更让你难受。但愿里有粪便……

古埃及的儿童

在古埃及，无论是出生在贫困家庭还是富裕家庭，孩子们都需要快快长大。因为他们生活中所面临的危险太多了，包括疾病和猛兽。古埃及人对孩子非常疼爱和关注，并且相信神也会保护他们。通过玩这个游戏，我们可以更好地了解古埃及儿童的生活状况。

27 幸运圣甲虫 再扔一次骰子

28

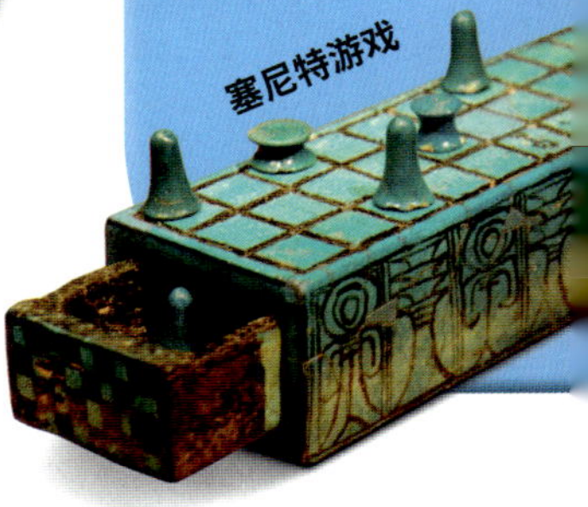
塞尼特游戏

3 **你得到了一个刺猬摇铃**
前进一格
在古埃及，真正的玩具非常罕见，孩子们也基本没有什么时间玩儿。

4

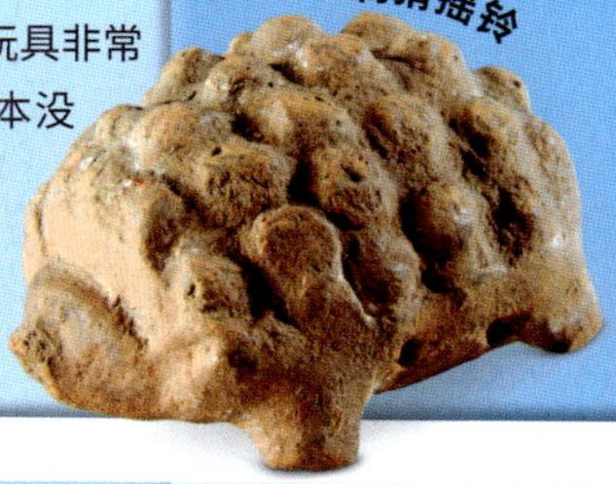

5 **你出生在农民家庭，那么你就要干农活**
退后 3 格
作为农民的孩子，你从小就得和家人一起干活儿，一边劳作，一边学习各种知识。

6

农民的孩子在帮忙收庄稼。

10 **幸运“生命符”**
再扔一次骰子
戴着护身符能保护你的安全。Ankh 代表着“生命”，是最常见的护身符。

9 **你和小伙伴一起玩青蛙跳的游戏**
向前跳两格
你偶尔能有机会与其他孩子一起玩耍，好好享受吧。

8

7 **骑着你的玩具小马**
前进一格
这种玩具是古罗马军队占领古埃及后，由古罗马人带来的。

19

20 **被蝎子蜇了**
退后 3 格
蝎子非常危险。要小心！它们不仅生活在沙漠里，房前屋后也有呢。

21

22 **大丰收**
前进 4 格
额外的收获会被储存起来，以防下一年收成不好。

26

25 **你的家庭很富有，能够送你去上学**
前进 3 格
你做到了！读书写字能让你获得进一步的成功。

24 **你掉进了尼罗河，被一只饥饿的鳄鱼追赶**
退后 10 格

23

29 **你在塞尼特游戏中击败了朋友**
前进 1 格
擅长玩这种棋盘游戏说明你很有智慧，逻辑思维很强。你前途无量。

30 **大日子到了！你剃头了**
跳到终点
你的童年即将结束。现在你就像你的父母一样，并可以戴上假发了。

你已经安然度过了童年

做得很好！能到达这里非常不容易。继续努力，抓住每一个机会。如果国王能知道你的名字，你就有福了。

终点

象形文字

古埃及的文字以图形符号的形式书写而成，叫作象形文字。每个图形符号看起来或是像一种动物，或是像一个人、一种东西。古埃及的象形文字已超过700个，其中大部分——比如这里列出的25个——是用来表示读音的。

埃及秃鹫
（发音如 hat 中的 a）

芦苇叶
（发音如 hill 中的 i）

两片芦苇叶
（发音如 happy 中的 y）

鹌鹑
（发音如 too 中的 oo，或者 wind 中的 w）

腿
（发音如 bed 中的 b）

盒子
（发音如 pen 中的 p）

猫头鹰
（发音如 man 中的 m）

水
（发音如 nail 中的 n）

嘴
（发音如 rope 中的 r）

这是象形文字

该象形文字表示的意思。

该象形文字大致的发音。

房子
（发音如 house 中的 h）

拧在一起的亚麻
（发音如 heel 中的 h）

我们不知道！
（发音如 loch 中的 ch）

门上的螺栓
（发音如 sun 中的 s）

池塘
（发音如 sheep 中的 sh）

篮子
（发音如 cat 中的 c）

立着的罐子
（发音如 garden 中的 g）

拴绳
（发音如 itch 中的 tch）

手
（发音如 dog 中的 d）

读写

在古埃及，能读会写的人不多——这是一种特殊技能。古埃及人的文字是一种图形符号，叫作象形文字。古埃及人认为这是神发明的文字。专家们花了很长时间研究如何阅读这种文字，因为它们有可能代表读音，也有可能代表的就是那个图形的意思。

胳膊

（发音如 pet 中的 e）

角蝰

（发音如 finger 中的 f，或者 vet 中的 v）

狮子

（发音如 light 中的 l）

动物的腹部

（发音如 ankh 中的 kh）

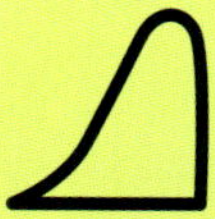

山坡

（发音如 kick 中的 k，或者 queen 中的 q）

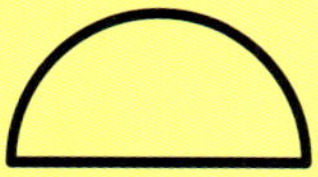

面包

（发音如 time 中的 t）

眼镜蛇

（发音如 jam 中的 j）

短语手册

古埃及文字由代表声音的符号和代表意思的符号组成。有的发音和英文中的元音很像，但这些发音并不一定都会被写下来，所以，拼读这些单词有时候要靠猜。不发音的那些代表意思的符号可以帮助我们理解它们旁边的字符的意思。在下面的短语中，你能找到自己熟悉的符号吗？

“别担心！”

“em senej”

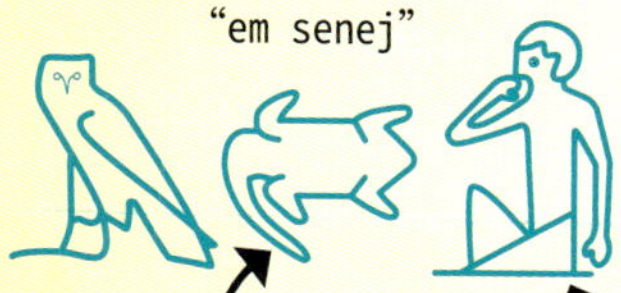

这个符号代表三个音：s、n 和 j。

这个不发音的表意符号告诉我们，它旁边的这个字符与说话有关。

“安静！”

“ger”

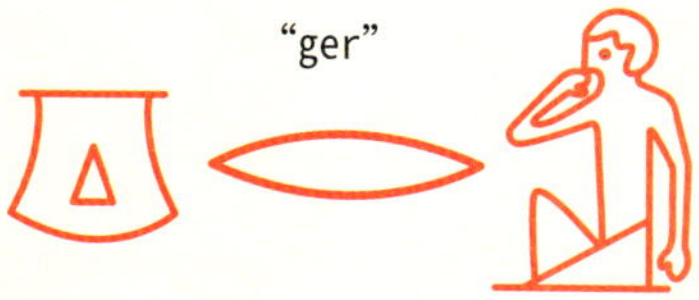

“当心”！

“ir heroo”

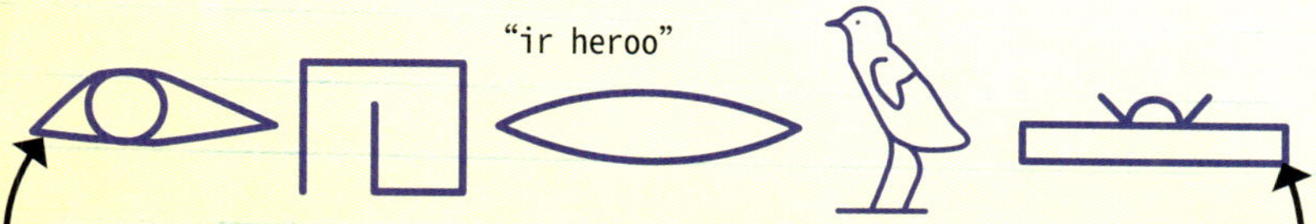

这个符号代表两个音：i 和 r。

这个不发音的符号，像一个卷轴，意指某种需要靠字词而非图画来解释的事情（指抽象概念）。

罗赛塔石碑

在罗塞塔附近发现的这块石碑之所以特别，是因为它上面的内容是用三种不同的文字——古埃及象形文字、古埃及世俗体文字和古希腊文字书写的。在发现罗塞塔石碑前，没人能读得懂古埃及象形文字。法国学者尚-佛罕索瓦·商博良通过与古希腊文字进行比对，研究出了古埃及象形文字的含义，破解了这种文字的秘密。

对话专家

我们向英国剑桥大学研究古埃及的专家——巴里 · 坎普教授请教了一些问题。坎普教授多年来一直参与对古城阿玛纳的发掘和研究工作，阿玛纳曾经一度是埃赫那吞国王的首都。

问：我们知道您的工作与古埃及有关，但您具体都会做些什么呢？

答：从 1977 年起，我就开始带领着一个研究小组在阿玛纳工作。我们绘制地图，发掘房屋和陵墓，有时也负责修复一些建筑。

问：您为什么会成为一位研究古埃及的专家？

答：第二次世界大战时我父亲曾在埃及当过兵。他去过一些古代遗址，并且寄了照片回家。这些照片成为我成长经历中的一部分。在学校，这些照片帮助我完成了一个关于历史的项目，也激发了我对古埃及毕生的热爱。

问：阿玛纳有什么特别之处？

答：这座城由埃赫那吞国王（他是著名的娜芙蒂蒂王后的丈夫）在公元前 1350 年修建，但在他死后不久就被废弃了。它的短暂存在就像为我们提供了一张古埃及都城的快照，非常独特。

问：你们发掘的时候使用什么工具？

答：我们使用的工具跟你在其他地方所能看到的工具一样：小铲子、筛子、独轮推车、卷尺等。

问：您认为这份工作最好和最坏的地方分别是什么？

答：最好的是可以在遗迹现场工作，并且在之后整理记录。最坏的是我们的经费非常有限。

问：埃赫那吞是您最喜欢的法老吗？

答：我之所以研究埃赫那吞，是因为他创建了这座城市，因此他的影响无处不在。但是我更感兴趣的是他的臣民的生活。

问：迄今为止最令您激动的是什么？

答：最令我激动的就是有新的发现，然后搞清楚其中的含义。在阿玛纳，我们找到了普通人的住房，还有，从他们的墓地中，我们找到了证据，证明他们的健康状况往往很差，寿命很短。

太阳崇拜者

阿玛纳是埃赫那吞为他的太阳神阿顿修建的。这里我们可以看到埃赫那吞与娜芙蒂蒂站在阿顿身后，对他顶礼膜拜。

考古学家在阿玛纳主神庙遗址上工作。

书吏之墓

阿玛纳旁边这座凿进悬崖的坟墓属于书吏阿莫斯，他为埃赫那吞工作。

哇哦！

埃赫那吞就是著名的“少年国王”图坦哈蒙的父亲。

对古埃及的研究

2000 多年来，不断有人造访埃及，想要了解它的历史。但是过去很多人一心只想寻找值钱的东西，对古建筑造成了很大的破坏。相对来说，现在人们所使用的研究方法，破坏性就要小很多了。

考古

考古指的是挖掘寻找古墓、古建筑及其他人类活动的痕迹的行为。这个过程必须要不慌不忙、加倍小心，以免对发掘的物品造成破坏。

墓中诅咒

古埃及人在他们陵墓的墙壁上刻了诅咒，警告别人不要前来骚扰。这张照片拍摄于 1922 年，卡尔纳冯勋爵（左）与霍华德 · 卡特一起站在图坦哈蒙陵墓的入口处。没过几个月，卡尔纳冯勋爵就去世了。他是因为受到了诅咒吗？还是说这仅仅是巧合？

早期埃及学家

乔瓦尼 · 贝尔佐尼（1778—1823）
探险家贝尔佐尼有过很多伟大的发现，包括发现了法老赛提一世的墓。

弗林德斯 · 皮特里（1853—1942）
英国人皮特里认识到了仔细保护被发掘出来的古埃及文物的重要性。

霍华德 · 卡特（1874—1939）
卡特也是英国人，他因为发现了图坦哈蒙的墓和其中的宝物而举世闻名。

科学技术

如今，不必打开木乃伊，我们就能看到其内部的情况。我们还可以借助雷达探测地下，通过研究卫星传回的图像察看古建筑曾经矗立的位置。

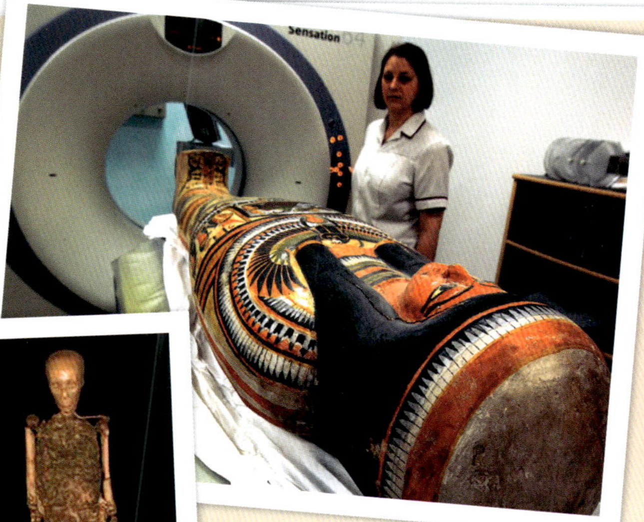

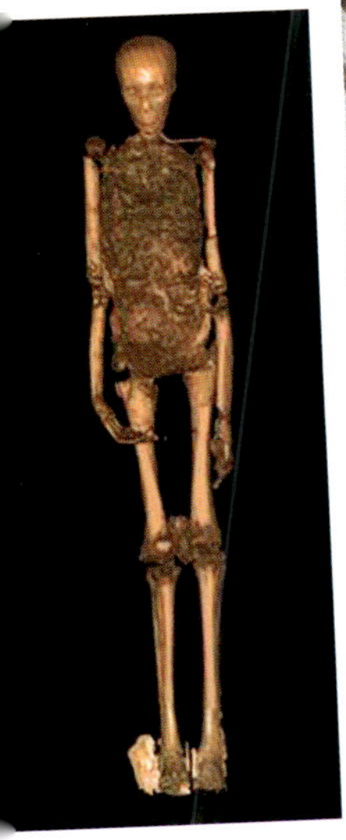

3D 扫描

扫描技术可以穿透层层包裹物，到达木乃伊的身体，这样我们就能看到木乃伊内部的情况。

X 射线

为木乃伊拍摄 X 光片，能帮助我们察看包裹中的木乃伊骨骼。有时候使用 X 光片还能发现假的木乃伊——里面不是骨架，而是棍子和石头。

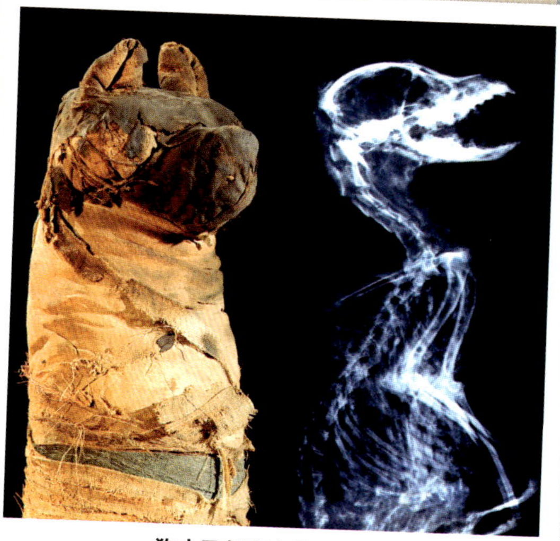

狗木乃伊和它的 X 光片。

卫星图像

通过卫星从高空拍摄到的图像，我们能看到在地面上无法看到的、被埋葬的建筑物的轮廓。

卫星拍摄的吉萨大金字塔的图像。

这是真的吗？

早期探险家用炸药开路，进入到金字塔内部。

事实与数据

在3000多年的历史中，古埃及人取得了巨大的成就。下面就是一些关于古埃及人的惊人成就。

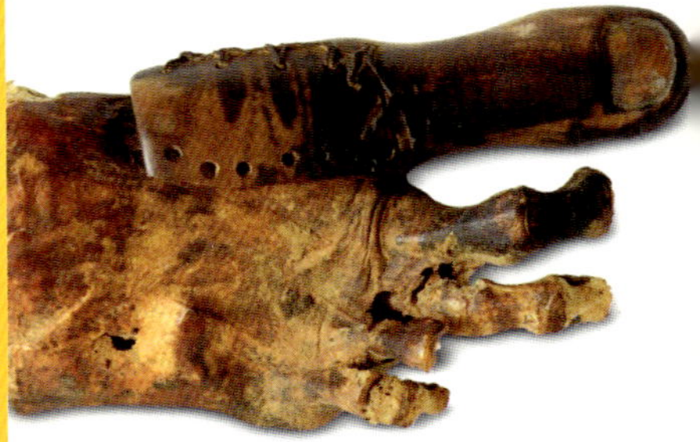

缺失的部位

如果有人失去了身体的某个部位，比如手指或者脚趾，在埋葬他们的时候会给他们装上木质的替代品。

畅饮的杰作

古埃及人在希拉孔波利斯修建了世界上最早的酒厂，每天能生产455升啤酒。

蜣螂

木乃伊粪球

在后期埃及，大约有30多种动物曾被制作成木乃伊，甚至连蜣螂滚的粪球也被制成了木乃伊。

4

把一个贵妇人的木乃伊的包裹物全部解开，需要4天时间。她全身包裹着14块布、80条布带、12块布垫子，以及4捆麻绳。

3000

法老统治古埃及的时间长达3000多年。

图坦哈蒙的黄金面具

埃赫那吞是唯一在绘画作品中有吃喝动作的法老。

猜猜这是什么动物

有人说是食蚁兽，也有人认为是斑马。不过，从它那箭头形状的尾巴来看，这种生物肯定不是真实存在的。

探险家霍华德·卡特花了 10 年时间，才把图坦哈蒙墓中的物品全部搬出来。

图坦哈蒙墓中的物品多得能堆成小山。

秘密信息

至今还没人能破解出伊斯那神庙祭司所使用的象形文字。他们的一段圣诗全部是用鳄鱼形状的符号写成的。

587

587 名奴隶为哲尔王陪葬。

10

古埃及人的一周有 10 天。

词汇表

了解下面这些词语的含义，对你认识古埃及会很有帮助。

巴 古埃及人认为它是灵魂的一部分，有人的面孔、鸟的身体

表层石块 质量上乘、外表光滑的石块，用于建造金字塔的外层

彩陶 对一种特别的黏土加以塑形，然后绘以不同的颜色，再通过烧制，使其变得坚硬

帝国 由一个国王或者皇帝统治的辽阔区域，其中生活着不同的民族

舵 很大的桨，通常安装在船的尾部，用于控制船前进的方向

法老 古埃及人对国王的称呼，意思是“大的房子”

泛滥季 一年一度的洪水泛滥时期，尼罗河水会冲过堤岸

方尖碑 高高的、有尖顶的巨石碑。尖顶处常常镶有闪闪发光的金子，碑身上一般刻着象形文字

焚香 一种黏稠的膏状物，焚烧时会散发带香味的烟。用在神庙中，以博得神的欢心

古埃及学家 专门研究古埃及的人

古王国时期 金字塔就是在这个时期建造的（公元前 2650 年—公元前 2175 年）

带舵和船帆的船模型。

后期埃及 古埃及最后一系列国王统治的时期（公元前 715 年—公元前 332 年）

护身符 一种有魔法的饰品，据说随身携带能保护你，让你不受伤害

假门 在墙上刻出门的形状，是建筑物中专供友善的神灵出入的地方

金字塔 带尖顶的四面体建筑，是古埃及人埋葬死去国王的地方

卡诺皮克罐 用来储存木乃伊内脏器官的罐子

考古学家 寻找古代遗址和古代物品的人

莲花 被古埃及人视作神圣之花的一种莲属水生植物

马拉战车 古埃及人在战场上使用的一种马拉两轮车，用来向敌人发射箭矢或投刺长矛

木乃伊化 制作木乃伊的过程，也就是将尸体干燥、包裹，以达到保存目的的过程

尼罗河 一条贯穿埃及的河流，可以回溯深入努比亚境内

努比亚 古埃及南边的邻国，经常与古埃及为敌，不过有时也是古埃及的贸易伙伴

瀑布　尼罗河上有六大瀑布，像六座天然屏障，在河水从阿斯旺流入努比亚的过程中形成阻碍

三角洲　位于埃及北部、地中海沿岸的扇形绿洲，土地非常肥沃

蛇形饰物　以攻击状的眼镜蛇为形象的物品，通常装饰在国王或者神的王冠上

神龛　放置神的雕像的地方，有的用黄金制成

神庙　神灵的家，也是人们拜神的地方

石碑　石头做的碑，通常顶部是半圆形的，碑身上刻着图案和文字

石棺　石头制成的棺材，里面通常会放置一个或几个更小的棺材

书吏　从事与阅读和书写相关的工作的人

斯芬克斯　由人头（通常是国王的头）和兽身（通常是狮子的身体）组合而成的巨大雕像

塔门　神庙的入口，两旁矗立着巨大的塔

王朝　指国王的家族。人们用这种方法来梳理古埃及的历史

木质的巫沙布提俑。

王名圈　环绕着国王的名字雕刻或者画出来的一种图案，椭圆形，一侧有一条直线

巫沙布提俑　小型的仆人雕像，据说能在来世复活，侍奉他们的主人

希腊化—罗马时期　古埃及历史上最后一个时期，始于马斯顿 - 希腊国王托勒密，之后由罗马皇帝掌权

镶嵌宝石　把宝石或者珠宝放在戒指的中心

象形文字　古埃及人用于书写和记录的一种图形符号

新王国时期　这个时期，古埃及的国土面积被大大扩大（公元前 1540 年—公元前 1075 年）

亚麻　一种茎很长的绿色植物，可以用来做亚麻布或绳子

游牧民族　居无定所、经常从一个地方迁到另一个地方的人

淤泥　尼罗河水带来的肥沃土壤，洪水退去后就留在了河岸上

纸莎草　一种生长在沼泽地带的绿色植物，古埃及人用它制作纸莎草纸

中间期　古埃及历史上的动乱时期，整个古埃及在当时无人统治

中王国时期　在古埃及历史上，这个时期涌现出了很多强大的国王（公元前 1975 年—公元前 1755 年）

索引

致谢

感谢以下人士在编写本书时给予的帮助：阿比·赖特和莫莉·拉廷进行了设计协助；贾格特·辛格和穆罕默德·里兹万做了抠图工作；波莉·古德曼做了校对；海伦·彼得斯编辑了索引；博尔顿图书馆和博物馆为拍摄提供了艺术品；卡罗林·劳特利奇协助准备需要拍摄的艺术品；诺尔曼·泰勒进行了摄影；丹尼尔·隆、丹·克里斯普、埃德·梅里特提供了插图。出版者还要感谢巴里·坎普教授参与了访谈。

本书出版商由衷地感谢以下名单中的人员提供照片使用权：
t= 顶端，a= 上方，b= 下方，l= 左侧，r= 右侧，c= 中间，f= 底图

2 Dorling Kindersley: Bolton Library and Museum Services (bc, cb). **Getty Images:** Alessandro Vannini / Corbis Historical (crp). **3 Alamy Stock Photo:** Ian M. Butterfield (Egypt) (bl); Ivy Close Images (bc). **Dorling Kindersley:** Bolton Library and Museum Services (c); Alex Wilson / Rough Guides (tr); Cairo Museum (br). **4 Alamy Stock Photo:** Sputnik (bc). **Dorling Kindersley:** The Science Museum, London (cr). **5 Alamy Stock Photo:** ASP GeoImaging / NASA (tl); Peter Horree (cl). **Dorling Kindersley:** Bolton Library and Museum Services (r). **Getty Images:** De Agostini Picture Library (bc). **6 Dorling Kindersley:** Dan Crisp (ftr, cra, fcra, c, cr, cb, bc, br). **7 Dorling Kindersley:** Dan Crisp (fcla, clb, bl). **Getty Images:** Religious Images / UIG / Universal Images Group (cra). **8 Dorling Kindersley:** Dan Crisp (tl, ca, cr, crb, fcrb). **9 Dorling Kindersley:** Dan Crisp (fcl, cla, cl, c, cr, bl, br). **10 Getty Images:** DEA / A. Jemolo / De Agostini (bl). **10—11 Alamy Stock Photo:** Gianni Dagli Orti / The Art Archive. **11 Alamy Stock Photo:** World History Archive (fbr). **The Trustees of the British Museum:** (fcr, br). **Dreamstime.com:** Woverwolf (cr). **Getty Images:** DEA / S. Vannini / De Agostini Picture Library (tc). **12 Alamy Stock Photo:** Ian M. Butterfield (Egypt) (cr). **Getty Images:** DEA / G. Dagli Orti / De Agostini (tr). **13 Alamy Stock Photo:** Gianni Dagli Orti / The Art Archive (tl); Pictures Colour Library / Travel Pictures (tr). **Dorling Kindersley:** Cairo Museum (clb). **14 Getty Images:** DEA / S. Vannini / De Agostini Picture Library (l). **The Art Archive:** British Museum, London / Werner Forman Archive (bc). **15 Alamy Stock Photo:** Quint & Lox / Artokoloro Quint Lox Limited (tr). **16—17 Dorling Kindersley:** Daniel Long. **17 Getty Images:** PHAS / Universal Images Group (tr). **18 Dorling Kindersley:** Dan Crisp (cl, cr, bl, br). **19 Dorling Kindersley:** Dan Crisp (t, cl, cr, br). **20 Mary Evans Picture Library:** (cla, ca, tr, cr, bl). **21 Mary Evans Picture Library:** (tl, cl). **22 Alamy Stock Photo:** Reinhard Dirscherl (tr); World History Archive (bl). **Getty Images:** DEA / G. Sioen / De Agostini (bc). **23 Getty Images:** De Agostini / A. Jemolo / De Agostini Picture Library (tc); Werner Forman / Universal Images Group (c); DEA / S. Vannini / De Agostini Picture Library (br). **24—25 Dorling Kindersley:** Daniel Long. **25 Alamy Stock Photo:** Magica (bc). **26 Alamy Stock Photo:** Gianni Dagli Orti / The Art Archive (tr). **Getty Images:** De Agostini / A. Dagli Orti / De Agostini Picture Library (cr). **27 Dorling Kindersley:** Bolton Library and Museum Services (fclb); Durham University Oriental Museum (clb); University of Pennsylvania Museum of Archaeology and Anthropology (r). **29 Getty Images:** DEA / A. Dagli Orti / De Agostini Picture Library (tr). **30—31 Alamy Stock Photo:** Jan Wlodarczyk. **30 Dorling Kindersley:** Eddie Gerald / Rough Guides (bc). **Getty Images:** Glowimages (clb). **31 Alamy Stock Photo:** Nigel Westwood (br). **Dorling Kindersley:** Eddie Gerald / Rough Guides (bl). **32 Alamy Stock Photo:** Travelpass Photography (r). **Getty Images:** Alessandro Vannini / Corbis Historical (bc). **33 Alamy Stock Photo:** Travelpass Photography (l); Ariadne Van Zandbergen (r). **34 Alamy Stock Photo:** Gianni Dagli Orti / The Art Archive (c). **Dorling Kindersley:** Bolton Library and Museum Services (br). **35 The Trustees of the British Museum:** (t). **Dorling Kindersley:** Bolton Library and Museum Services (ca, cra, fcra, cr, br); The Science Museum, London (bl). **36 Alamy Stock Photo:** Prisma Archivo (bl). **Dorling Kindersley:** Ashmolean Museum, Oxford (c); University of Aberdeen (cl); Bolton Library and Museum Services (br). **36—37 Dorling Kindersley:** Bolton Library and Museum Services (c). **37 Alamy Stock Photo:** Robert Harding Productions (t). **Dorling Kindersley:** Bolton Library and Museum Services (c, fbl, fclb, bl, crb, fcrb); Canterbury City Council, Museums and Galleries (bc). **Getty Images:** DEA Picture Library / De Agostini (br). **38 Alamy Stock Photo:** H. Peter (cr); World History Archive (c). **The Trustees of the British Museum:** (fcra, fcr). **Dorling Kindersley:** University of Pennsylvania Museum of Archaeology and Anthropology (cra, br). **39 Alamy Stock Photo:** Ivy Close Images (tc); The Print Collector (bc). **40 Dorling Kindersley:** Dan Crisp (cr). **40—41 Dorling Kindersley:** Dan Crisp (b). **41 Alamy Stock Photo:** Monty Rakusen / Cultura Creative (RF) (br). **Dorling Kindersley:** Dan Crisp (cla). **Getty Images:** Felbert+Eickenberg / Stock4B (tr). **42 Alamy Stock Photo:** Blickwinkel / Koenig (c). **Dorling Kindersley:** Bolton Library and Museum Services (fcra). **43 Dorling Kindersley:** Sarah Ashun (cl); Jerry Young (tc); Durham University Oriental Museum (cb); Canterbury City Council, Museums and Galleries (fbl). **44 123RF.com:** Eric Isselee / isselee (c); Shlomo Polonsky / slavapolo (cl). **Dorling Kindersley:** Alex Wilson / Rough Guides (bl). **45 Dorling Kindersley:** Bolton Library and Museum Services (cra, fcra, cr, crb). **Getty Images:** Panoramic Images (cl). **46—47 Dorling Kindersley:** Daniel Long. **48 123RF.com:** Anatolii Tsekhmister / tsekhmister (cr). **Dorling Kindersley:** Bolton Library and Museum Services (bl). **49 The Trustees of the British Museum:** (tc, cra, cr). **50 Alamy Stock Photo:** Art Media / The Print Collector (tr); Pietro Scozzari / age fotostock (br). **Dorling Kindersley:** C M Dixon / AAA Collection / Ancient Art & Architecture Collection Ltd (cb); Durham University Oriental Museum (c). **50—51 The Trustees of the British Museum:** (c). **51 Alamy Stock Photo:** Gianni Dagli Orti / The Art Archive (tr). **Dorling Kindersley:** Bolton Library and Museum Services (tl, cr). **53 123RF.com:** Pitchayarat Chootai / pitchayarat2514 (tr); F. Javier Espuny / fxegs (br). 54 Andreas Mesli: (tr). **Getty Images:** DEA / S. Vannini / De Agostini Picture Library (bc). **54—55 Getty Images:** De Agostini / G. Sioen / De Agostini Picture Library. **55 Barry Kemp:** (tl). **56 Alamy Stock Photo:** David Cole (fbl); Mary Evans Picture Library (fcl); Granger, NYC. / Granger Historical Picture Archve (fclb). **Getty Images:** GraphicaArtis / Hulton Archive (cr). **57 Getty Images:** DigitalGlobe (bl). **Press Association Images:** AP / HO / Supreme Council of Antiquities / AP (cla); John Stillwell / PA Archive (tl). **Science Photo Library:** Thierry Berrod, Mona Lisa Production (cr). **58 Dorling Kindersley:** Bolton Library and Museum Services (ca); Alex Wilson / Rough Guides (cl); Cairo Museum (br). **Getty Images:** Marwan Naamani / AFP (tr). **59 Alamy Stock Photo:** David Cole (c); Mike P. Shepherd (bc). **Dorling Kindersley:** Dan Crisp (br). **60 Alamy Stock Photo:** The Print Collector (tl). **Dorling Kindersley:** The Science Museum, London (bl). **61 Dorling Kindersley:** University of Pennsylvania Museum of Archaeology and Anthropology (tc). **62 Alamy Stock Photo:** Gianni Dagli Orti / The Art Archive (tl).

Cover images: *Front*: **Alamy Stock Photo:** Quint & Lox / Artokoloro Quint Lox Limited cra/ (Snake Bracelet); **Bridgeman Images:** Cleveland Museum of Art, OH, USA / Gift of the John Huntington Art and Polytechnic Trust bl; **Dorling Kindersley:** Bolton Library and Museum Services crb, crb/ (beads), Newcastle Great Northern Museum, Hancock cra; **Getty Images:** DEA Picture Library / De Agostini crb/ (Amulets), Alessandro Vannini / Corbis Historical cr; *Back*: **Dorling Kindersley:** Bolton Library and Museum Services cr, Bolton Library and Museum Services tr, Canterbury City Council, Museums and Galleries cla, The Science Museum, London clb; *Front Flap*: **Alamy Stock Photo:** World History Archive cr; **Dorling Kindersley:** Bolton Library and Museum Services clb, cl, clb/ (inside), Bolton Library and Museum Services c, Bolton Library and Museum Services c/ (glass bottle), Bolton Library and Museum Services t, Bolton Library and Museum Services crb/ (inside), Cairo Museum bl, University of Aberdeen br, University of Pennsylvania Museum of Archaeology and Anthropology cla; **Getty Images:** DEA / S. Vannini / De Agostini Picture Library ca; *Back Flap*: **Dorling Kindersley:** Natural History Museum, London clb, University of Aberdeen tl; *Front Endpapers*: **Alamy Stock Photo:** Collection Dagli Orti / The Art Archive (1950BCE); Gianni Dagli Orti / The Art Archive (1840BCE); Ivy Close Images (3100BCE); Joana Kruse (2550BCE); Magica (1500BCE); Prisma Archivo (1540BCE); World History Archive (4000BCE). **Dorling Kindersley:** Dan Crisp (1630BCE); Eddie Gerald / Rough Guides (1910BCE). *Back Endpapers*: **Alamy Stock Photo:** Ian M. Butterfield (Egypt) (1350BCE); Gianni Dagli Orti / The Art Archive (332BCE); Nedko Dimitrov (130CE); Angus McComiskey (1457BCE); Prisma Archivo (1155BCE); Realy Easy Star / Toni Spagone (1480BCE); Lizzie Shepherd / robertharding (END); Stapleton Historical Collection / Heritage Image Partnership Ltd (1274BCE). **Dorling Kindersley:** Cairo Museum (1332BCE).

我已经获取的知识：

古埃及时间线

图特摩斯三世

图特摩斯三世登基时还很年幼，由他的继母哈特谢普苏特摄政。哈特谢普苏特与图特摩斯三世共同统治了 15 年。

图坦哈蒙

图坦哈蒙当上法老时还是个小男孩儿。他统治时间不长，却留下了永久的传奇。

拉美西斯二世乘坐战车。

僵持的战局

拉美西斯二世曾在卡迭石与赫梯人交战。虽然他宣称自己打了胜仗，但其实只是侥幸逃命。

统治者的更替

新王国时期的统治分崩离析，祭司王统治着底比斯，利比亚人统治着南方。

公元前 1480 年 | 公元前 1457 年 | 公元前 1350 年 | 公元前 1332 年 | 公元前 1247 年 | 公元前 1155 年 | 公元前 1075 年

上接封底折页

灾难！

埃赫那吞把古埃及折腾了个底朝天。他关闭神庙，重设首都，进行了一场宗教改革。

拉美西斯三世

拉美西斯三世的妻子们企图谋害他。

胜利！

图特摩斯三世在米吉多战役中打败了米坦尼人。

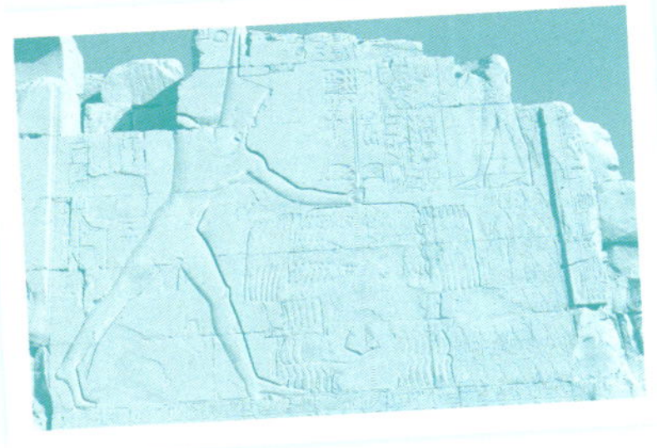

高大的国王揪着敌人的头发。

冈比西斯王的王名圈。

冈比西斯

波斯王冈比西斯征服古埃及，当上法老。

亚历山大大帝

亚历山大大帝征服了古埃及，并且深深地爱上了这个国家。

贝斯神的浮雕。

古埃及的神庙被关闭

古埃及的神庙虽然被关闭了，但是它的文化流传了下来，它的一些神也继续受到人们膜拜。

公元前 667 年 — 公元前 525 年 — 公元前 332 年 — 公元前 31 年 — 公元 130 年 — 公元 394 年 — 终结

屋大维

罗马大帝屋大维在亚克兴角战役中击败了克娄巴特拉和马克·安东尼，占领了古埃及。

最晚的象形文字

距今最近的古埃及象形文字发现于菲莱神庙中。

哈德良大帝

哈德良大帝巡游古埃及时，他的朋友安提诺乌斯在尼罗河中溺水身亡。哈德良将其追奉为神。

底比斯被毁

亚述王亚述巴尼拔将努比亚王塔哈尔卡逐出埃及，摧毁了底比斯城。

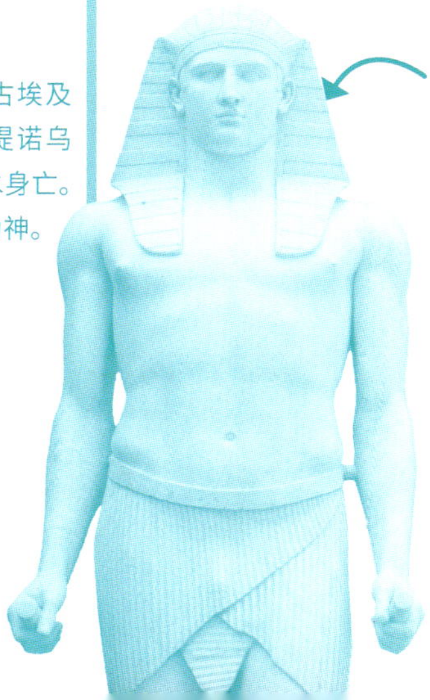

安提诺乌斯的大理石雕像。